铁葫芦

# 世道与人心

世道再变，初心不改

余世存 作品

立人三部曲

北京联合出版公司
Beijing United Publishing Co.,Ltd.

图书在版编目（CIP）数据

世道与人心 / 余世存著.—北京：北京联合出版公司，2016.8（2017.4重印）

（立人三部曲）

ISBN 978-7-5502-8244-5

Ⅰ.①世… Ⅱ.①余… Ⅲ.①历史人物—人物研究—中国—近代 Ⅳ.①K820.5

中国版本图书馆CIP数据核字（2016）第167893号

世道与人心

作　　者：余世存

责任编辑：宋延涛

北京联合出版公司出版

（北京市西城区德外大街83号楼9层　100088）

北京玺诚印务有限公司印刷　新华书店经销

字数：206千字　700mm×980mm　1/16　印张：19.5

2016年8月第1版　2017年4月第3次印刷

ISBN 978-7-5502-8244-5

定价：42.00元



如发现图书质量问题，可联系调换。质量投诉电话：010-82069336

# 目录

## 为生民立命



## 为往圣继绝学

自序

## 应是鸿蒙借君手

收录在这部书里的文字时间跨度长达二十年，集中写作的时间也长达十年，因此文字的不整齐不统一是明显的。青春期的夸饰，谋稻粱时的铺陈，人生阶段的心态转移，都影响了我的文字。好在这是记人论人的文字，读者既能看到我“飞扬跋扈”的一面，也能看到我克制自己、白描叙事的一面；既能看到我“服务的”英雄主义一面，也能看到我“专断独裁”的一面。

其实，我提请读者参与的是读书中人物。自青年时代起，我就有“野心”为笔下的人物“盖棺定论”，这也是2000年以来我有十年时间连续颂扬“当代汉语贡献奖得主”的一大因缘，我希望在散乱的史书、意识形态评判之外，为当代社会贡献我个人"论世知人"的人生坐标。在写作中，我尽可能把眼前所见的材料熔铸到笔下，抛开我个人的主观不说，单是这些材料，便足以"开卷有益"。

虽然这些文字部分曾以《中国男》和《大民小国》之名结集，但重新整理才发现，我写近现代史上的人物已有一百多篇（限于传主出生时间等原因，本书删掉不少当代人），其中有不少文字为我珍爱，尚未跟读者见面。这次能以合集的形式出版，实在是一大幸事。自十年前《非常道》等书不约而同掀起了"民国热"，直到今天，关于现代史的当代著述还少有可观可流布之作。作为一个误撞入历史写作领域的人，我对读者的歉疚难以言说。

不少人问我，这些纪传、评传写了什么？回到我身上，二十年来，或者说最近十年，我完成了从青年到中年的转变，从激昂走向从容，有人说是从鲁迅走向了胡适，从愤青走向了文化主义，从西化走向了综合……我相信这些转变是真实的，但没有变的仍是理想、历史的善和正义。我相信我的文字一直都在吁请世道人心的创造和安顿，一直都在捍卫人类的正义和认同；当然，更为关键的，我在文字中交代了自己，二十年来，我都不像个"说书人"，我都不是没话找话的人，不是以写作刷存在感的人。

在选择人物时，我一度不免受制于时代和知识精英的喜好。在2005年至2010年的写作期间，我为之作传的多是现代史上的主流人物，是"五四"新文化运动以来的历史推手和弄潮儿，多为"早期伟大的中国国民党人和早期伟大的中国共产党人”（陈丹青语）。写这些人，如林觉民、瞿秋白等，既“政治正确”又“知识正确”，极为顺手。他们的人生至今让当代人奉为楷模，他们的言行早已成为后人“闻而起兴”的典范。当然，我也发现了主流或台海两岸今天都不免忽略的人，如武训。我理解自己，不仅是以司马迁的纪传体在写笔下的人物，也是像王维、柳宗元、刘禹锡等人为六祖慧能写碑铭一样，为其证明正名。

这些年来，“民国热”成了文化出版界的一大板块，打开媒体，经常看到熟与不熟的作者谈论民国人物。读多了，我有一种厌倦，甚至羞于看到自己的名字成为媒体上的“点缀”。虽然，谈论民国人物，既是新闻出版媒体自身的需要，也有写作者的名利满足。写作者本来也有“吃人”一说，我自己不仅“吃”过老子，更几乎“吃”尽了民国人物。只是在网络时代，50后、60后与90后的作者具有一样的知识资源，如何不只是做“文抄公”，不做百度或维基百科的拼凑者，如何不做一种观念、时尚话语的表达者，或政治知识正确的诠释者，是我需要“突围”的。

因此，在历史札记、随笔之外，我的“历史散文”之路也有纵深演进。我反思过历史写作，何以大家谈历史人物时多有“先入之见”？有时看一个标题就明白作者想借古人说什么话，甚至明白作者是五毛、国粉、儒粉还是“柿油党”，是80年代的出土翻案史观、90年代的细节史观、知乎粉还是果壳粉。那么，研读历史人物，我们如何保证自己的客观公正，如何才能还原一个历史人物的生存状态和内心情态？“中国之君子，明乎礼义而陋于知人心。”这一“礼义”在当下不过是某种“时势权力”。这也是我努力向太史公看齐的一个原因，我希望纪传一个人物，不是让读者受到哲理启示或教育什么的，而是引导其人生或生命参与进来，其中有真、有善，有人生或历史百年的罪苦和美感。

我的“突围”是多方面的。我们当代中国人受教育以来，即对阶级分析烂熟于心，但在今天却很少有人以之观察笔下的人物。研读《易经》时，我明白中国文化也极重“时、位”。对一个人的人生阶段和社会地位不曾有深入了解，我们又怎么谈得上懂人知人？因此，我后来为媒体写了一组文字，只从谋生理财的角度写一个人，这样写时，就不难理解历史人物的言行何以会有那么大的反差。以鲁迅、胡适为例，鲁迅只是温饱有余，中产不足；而胡适则是今天“成功人士”般的文化人都未必比得上的中产，尽管他们都有国士之心力和才能，但身份、地位的选择和差异也对二人的言路思路有影响。我也写过一组商人，职业商人为传统四民社会阶层的末流，但近代以来地位渐起，他们在近代中国起过非常大的作用，我写他们，仍希望落实到个体本位上来，在传统缙绅阶层向土豪或工商文明的栋梁转型的时代，还原他们的生存状态。

随着对中西文化的深入理解，我对历史人物的关注也自觉转向边缘者。年轻时只以为理想的变法者、改革者、革命者，“五四”青年，现代化的倡导和推动者才活得有意义，才是真理的化身，才是安身立命的正当有效者；后来才明白，一个社会的个体成员在立身处世方面有多种选项，他们从每一方向出发都能抵达圆满究竟。正如本书几乎只以材料纪传的“儒家慧能”、如慧能一样“目不识丁”的王凤仪老人所说，“真理唯一，但其道路非一”。

我后来也在主流社会关注的人群之外，选择了不少堪称“怪力乱神”的人物，如算命的袁树珊、道教的复兴者陈撄宁、反中医的余云岫等人。尽管“中国逻辑”“反智”一类的说辞仍悬在国人头顶，提醒我们在现代世界生存应立足于可沟通的理性；但怪力乱神是东西方社会都有的现象，是人们仍“日用而不知”的领域。有学者认为，在移动互联带来的多维时空或高维时空里生存，怪力乱神的现象都能为人理解，为人把握。在武训、孙禄堂这样的草根面前，知识精英或许失语无语，他们仍是中国文化的一大基础。曾有哲人专论本国文化的“圣愚”现象，那么我们中国文化的这一类草根圣贤算是什么现象呢？

因此，我关注的历史人物从以治世为主，到逐渐侧重治身、治心，我尽可能打捞在中国立身的多样可能。其实，与其说陈撄宁、余云岫治身，梁漱溟、熊十力治心，不如说他们一样在治世。传统的说法，儒家治世，道家治身，佛家治心。儒释道在近代合流，早已使我们中国人从中都获得安身立命的思想源泉，落实在自己的人生中不过有所侧重而已。从这个意义上讲，新文化运动以来的主流精英算是治世者，边缘人物算是治身治心者。我们今天都知道，这些主流边缘只是一时一地，他们都有为我们奉为经典的时候，也有为我们看轻看淡的时候。

人类社会的结构是否只有身、心、世三重？人们能否“跳出三界”？中国文化以为，数成于三。其实在系统结构的三分之外，还有内外、主流边缘的二元分工，时空的四象五行结构。任何一种系统结构只是方便说法，我们今天也都知道，任何分工分类本质上是一体不二的。就如今天大量的“治身”者，他们把日子落实在饮食、养生健身上，未必能抵达陈撄宁、孙禄堂们的治身极致，但他们至少明白了治身如不跟治世结合，治身就不过是雾霾中的呼吸，穹顶下的食色。

只见其同，不见其异，是一种偏见；只见其异，不见其同，何尝不是一种偏见？在全球化走向“深水区”的今天，有关人类大同的轻狂兴奋似已过去，恐怖主义、权力和技术的管制异化使人对人类及其文化的冲突不免深信少疑。但一如把恐怖主义归咎于某种宗教一样错误，把自家文化或自家信仰当作唯一的“得道者”“救赎者”也是同样罪错的。

钱穆对鲁迅的评论值得三思：“鲁迅说尽了旧社会的中国，然而他何以如此忧心忡忡？他的目的不是中国的毁灭，而是为求中国的再起。鲁迅全面否定儒教，他不知道他所有的关怀，是一个新儒家的再现，他只是没有意识到他是一个新儒家。”在钱穆那里，当年西化的鲁迅、胡适是新儒家，我们由此可以理解，传统的儒道互补、内佛外儒，跟人类文化的大小传统统一在个体成员那里是一个道理。百年来中国大陆声势澎湃的西化运动，在明智者眼里只是尚未完成的“新儒家”。我们由此可以理解，无论中国文化如何趋新趋时，传统的儒、释、道仍能够借身还魂，仍有强大的力量显明其本质。对我们中国大陆来说，儒、释、道、耶、回等等都会成为有效的思想源泉，它们如何融合另当别论，但如果融合的外耶内佛表现在一个中国人身上，那绝非“混搭”，而是有意义的立心立命。

生活在当代社会，我跟大家一样，感受到大陆转型的苦难和文明世界现代性的危机。我多次引用庄子名言，“方今之世，仅免刑焉？”但今人难以免除视听恐怖之刑，难以免除空气水源污染之刑，难以免除技术绑架人让人低头示众之刑……个人的权利何以表达？生命的意义如何展现？我经常想起“民胞物与”，想起与时浮沉者，我们如何才能明心见性？

多年前，我曾十来次陪人看过一部德国电影《窃听风暴》，影片中的埃尔伯特曾有对白：“我想这些人都不渴望自由！……人们渐渐习惯我们周围发生的一切，接受以前所不能容忍的，可能再也不期待改变了！”他说，“这个体制让人发疯。但是正是这样的体制让人更有创作的欲望，写出人们真实的生活状态，这才是对得起自己良知的作品吧。……有那么多限制，什么都不能尽情表现。活着真没意思。”他后来不堪忍受没有自由的生活，选择了自杀。我曾多次想起他的话，以此自勉。后来看一部美国片，看到小镇上的法官对实行“潜规则”的律师说：“这是我一生中遇到的最羞耻的事。”极为震动。我想到正常社会的人们都不失自性，都有自信判断人间罪错，他们把羞耻当作羞耻，把罪恶当作罪恶。汉语作家的使命之一仍在于这种自立立人的开智启蒙。

中国文化也有明辨是非、自诚而明的伟大个体和伟大时刻，只是在一百多年的现代转型里，很多人失掉了自性，一些人甚至以一生的时间学舌外界的是非，效颦时势权力的步伐，山寨流行的生活方式，很少能够做自己的主人，做世界的主人。借用黄仲则的名句：乾坤无事入怀抱，应是鸿蒙借君手。这部书里的大部分传主不仅是鸿蒙历史借以书写之手，他们确实书写出了了不起的历史文本，他们更是当得起“自己的主人”。在“五四”运动和社会革命的诱惑下，年轻的王明道选择了另外的道路；在众人浑浑噩噩的日子里，顾准探索着跟人类世界的有机联系；后来的新人类们争论谭嗣同活得值不值得时，似乎忘了谭当时大声宣告自己的遗憾和圆满：“有心杀贼，无力回天；死得其所，快哉快哉！”从本书中人物立身多有所成可知，做自己的主人不仅可望可即，也有很多道路。

因此，我诚惶诚恐又当仁不让地向读者奉献这部纪传体作品，我相信在这个“节操碎了”的时代，前人的人生能够立起我们。尽管有人把今天的社会分成“成功人士”和“有待成功的人士”两大群体，无论成功与否，无论压力山大者还是得意者，多不免看轻前朝前人，以为我近现代史多为不幸，未曾完成。其实本书中的传主们经受的，未必比今人轻浅、狭隘、简单。与其虚拟自己的眼前生活，与其在想象里陶醉，不如也看看历史文本。其实中国史展示的，远比我们作家虚构的更富有想象力，更富于人性和神性。“民国热”证实了近现代史是我们取之不尽的历史遗产。本书中传主近百名，涉及人物数百人，跨越历史近二百年，其内容之丰富未必输于一部或数部长篇小说，或许再过若干代，中国社会集体与天才的个人结合，会再度创作出类似《三国演义》《水浒传》一类的近现代杰作。

我请前人登上供读者阅读观看的舞台，让他们展示一生的片断瞬间，希望人们看到前人的高度，看到他们对自己、对人类社会的态度，其中很多人给我们留下的印象，是他们对人类社会的责任感。在中外文明史上，负责本身即是义。的确，书中的传主多当得起“义人”之评，但这种“义”不是像人们印象中的近代史一样沉重难当，而是极为日常的，是个人身、心、志的平衡和统一。

一卷终了，大家眼里的传主大多已然退场。那些在历史上立德立功立言的前贤退场，这对我们意味着什么呢？我近年多次想到退场和进场，并郑重把退场立为新正义论的一大原则。千年前的《沉思录》的最后感慨就是新正义原则的遥远回响："人啊，你一直是这个伟大国家（世界）里的一个公民，五年（或三年）会对你有什么不同呢？因为与法相合的事情对一切都是公正的。如果没有暴君也没有不公正的法官把你从国家中打发走，把你打发走的只是送你进来的自然，那么这又有什么困苦可言呢？这正像一个执法官曾雇用一名演员，现在把他辞退让他离开舞台一样——'可是我还没有演完五幕，而只演了三幕'——你说得对，但是在人生中三幕就是全剧，因为怎样才是一出完整的戏剧，这决定于那个先前曾是构成这出戏的原因，现在又是解散这出戏的原因的人，可是你却两方面的原因都不是。那么满意地退场吧，因为那解除你职责的人也是满意的。"

译者何怀宏也曾为此感慨："当我们谈到《沉思录》的最后一段，即说从人生的舞台退场的一段，我们就感到忧郁，因为这就是人的命运，在劫难逃。即使你觉得你的戏还没有演完，新的演员已经代替你成为主角了，这里的忧郁就像卓别林所演的《舞台生涯》中的那些老演员的心情，苦涩而又不无欣慰，黯然而又稍觉轻松。另一方面，我们又感到高贵，因为我们可以体面、庄严地退场，因为我们完成了自己的使命并给新来者腾出了地方。"

对我们来说，在这腾出来的历史舞台上，我们是否演绎好了自己的人生角色？我们是否立得住？是否实现了自己的人生正义和社会正义？

是否享有了生命的幸福和意义?

最后，要感谢我的太太余玲，是她想到我这从青春到中年的人生写作是一个整体。感谢何寅、董曦阳、杨海泉，使此书得以成型。还要感谢我多年的朋友张守礼、王俊秀，他们在我的生活中，赋予了“立人”鲜活生动的意义。

2015年11月15日写于北京

# 为天地立心

# 武　训：回向尘世的圣愚

一个山东堂邑县穷苦人家的孩子，姓武，无名，因排行而被人称为武七。武七羡慕富人家的孩子可以读书，去私塾偷听读书声时遭到塾师的呵斥。八岁时，父亲病死，姐姐给人家做了童养媳。九岁时，武七跟着母亲到处要饭。按梁启超先生的传记说法，“家贫，行乞度日，饮食必先奉母，人称孝乞……昼行乞，夜绩麻，得一钱，即储之，日惟以两钱市粗馒自养。”

武七十五岁时在姨夫家做童工，十七岁时给地主李廪生打长工，饱受人间白眼。他身材肥短，一说话嘴角即现白沫，大家给他取了个诨号“武豆沫”。尤其是因为不识字而多次被人毒打，被骗财，被讹掉工钱。他给李廪生做工三年，分文不得，反而被打得头破血流，赶出家门。无望之际，他在一破庙里昏睡三天。

三天之后，他起来了。他没有忧愤而死，而是如痴如癫，半呆半傻，既不回家，也不再给人家做长工，并手舞足蹈地到处要饭，做零工。这个大字不识的文盲，经过三天的昏睡，一下子明心见性，才华横溢，而跟阿Q兄弟判然有别。武七在很多地方像阿Q，但阿Q在庙里梦见的是人生享受，武七在庙里的三天却改变了一生。那一年，武七二十一岁。他依然穷苦，一顿饭吃好就得寻找下一顿，却从此出口成章，念念有词，随时可以应对人们的询问、嘲弄、拳打脚踢。他立下的志愿乃是兴办义学："扛活受人欺，不如讨饭随自己，别看我讨饭，早晚修个义学院。"



武七到处吆喝着出卖苦力："出粪，锄草，拉砘子来找，管黑不管了，不论钱多少。"为了多挣钱，他把自己的长辫子剃掉，净得京钱一吊，作为他兴办义学的基金。他没有工做的时候，就到各地去要饭。因为他总是唠唠叨叨的"义学长，义学短"，乡邻以为他害了什么"义学症"，就又把"义学症"作为他的第二个诨号，他无动于衷："义学症，没火性，见了人，把礼敬，赏了钱，活了命，修个义学万年不能动。"他行乞时，把要来的钱都积存起来，要来的干粮，自己只吃碎烂的，好的完整的拿去卖了，变成现钱积存下来，作为义学的基金；甚至捡菜根、芋尾来吃，以节省他要来的菜和饭。他说："吃得好，不算好，修个义学才算好。""食菜根，食菜根，我吃饱，不求人，省下饭，修个义学院。""吃芋尾，吃芋尾，不用火，不用水，省下钱，修个义学不费难。"

为了积攒钱，武七在山东、江苏、河北、河南一带行乞，并做过各种各样的农活、杂耍、手艺：推磨、推碾、割麦、浇园、挑担、拉车、纺线、竖鼎、做马骑、吃蛇蝎、捻线头、轧棉花、做媒红、给农民小额贷款买地买牛……武七积来的钱又被姐夫骗去后，他就打听当地可以信任的士绅，他跪求那些住在深宅大院里的举人、进士，求他们帮自己存款。他可以不顾家人亲友，但若乡亲真有困难，如三十八岁那年，鲁西北大旱，赤地千里，到处有人饿死，武七就买了四十担红高粱，托绅士替他办理赈济灾民的工作。又如农民张春和外出十年没有音信，生死下落不明，家里婆媳二人的生活全靠媳妇张陈氏做针线活或要饭来维持，武七听说后，就送给她们十亩地。

就这样，经过了三十年的努力，在他五十岁的时候，武七觉得有能力办学的时候，他跪请进士杨树芳先生，一位急公好义的绅士来替他筹划兴办义学的事。杨非常惊喜同情，但以不孝有三来劝武七成家，武七说："不娶妻，不生子，修个义学才无私。"杨表示愿意出面帮忙，并向当地的绅耆募集不足资金。武七搬砖、买木料、亲自做工，在杨树芳等人的主持下，不到一年时间，崇贤义塾于1888年春天开学。从二十一岁立志，到武七五十一岁时亲眼看见义学开学，过去了整整三十年。武七亲自劝说穷苦人家的孩子上学，七十几个学生分经学、蒙学两班。武七跪请杨树芳为学董，主持义塾一切。但他并不放松，跪请不睡懒觉的教师，跪求学生不要调皮旷课。

最重要的是，武七仍自律苦行。义塾创办之初，他准备丰盛的筵席招待教师，请学董和热心赞助的绅士们作陪，他自己并不入席，而是站在客厅外面，向来客磕头致谢。他说：“我不敢同老师和诸位先生们坐在一起，我站在门外，觉得心安，觉得快乐。”他跟学生们一样分得一斤馍馍，一碗大锅菜，仍舍不得吃，跑到庄外的砖窑上换了几块新砖回来，自己仍吃些残菜剩饭。义塾成立后，虽然已经实现了他的心愿，但他依旧过着漂泊无定的流浪生活，到处去要饭，仍旧住破庙。学生们劝他别再要饭了。他说：“我办义学的目的，不是为了个人的生活享受，完全为了使我们这群穷孩子有机会念书！我过的生活自己并不觉苦，只要你们努力学习，我比什么都快乐。”

这样三十年如一日力行的人格力量迟早要进入社会的核心层面。后来的张学良说他“行兼孔墨”，这样一个最底层的中国人三十年来做着孔子、墨子的事业，那种力行示范不仅得到了乡邻们的承认，也最终获得了社会上层人士的尊重同情。在这样的人物事迹面前，任何有心人都是富有成效的传媒，迅速地让他进入全社会的视野中去。杨树芳等人把他的事迹呈报给知县郭春煦，郭大为惊奇，到义学视察，对武七崇仰不已，不仅赠银十两，而且把他的事迹转陈山东省巡抚请予嘉奖。

山东省巡抚张曜知道后，邀见武七，见他疯疯癫癫的样子，以为他害过什么重病，他说：“我不疯，我不病，一心只害义学症。”一面跟巡抚谈话，一面还不断地捻着线头。张巡抚大为感动，助他二百两银子作为义学的基金，另外给他方便劝募的缘簿，下令免征义学田钱粮和徭役，并给这个无名的同胞赐名训，从此，这个名叫武训的穷苦人教化、训导了几代中国人。

张曜奏请光绪皇帝颁以“乐善好施”的匾额。武训的绝世奇行轰动朝野。当时的清政府已是大厦将倾、摇摇欲坠，仍令国史馆为武训的事迹立传。《清史稿》宣统本纪记载：“己未，予积赀兴学山东堂邑。义丐武训事实宣付史馆。”朝廷还授以武训“义学正”名号，赏穿黄马褂。

武训甚至感动了佛门中人。在他五十三岁那年，馆陶县杨二庄的了证和尚，因为景慕武训的精神，而把自己的香火钱和部分庙产捐出来，想为穷孩子们办第二所义塾，武训听说后，主动找到了证，把自己的义学基金奉献出来，一起创办了馆陶杨二庄义塾。武训还感动了当时的教育部长。在他五十六岁那年，学部侍郎裕德到山东视察学务，武训拦轿向他募捐，裕德捐给他二百两银子。加上自己的旧存，武训在临清创办了第三所义学：临清御史巷义塾。

在第三所义学创立的那年，武训已经五十八岁了。他长年苦行，至此耗干了精神，当年五月，武训得了重病。他住在义塾里休养，躺在屋檐下边，不肯占用一间房子。最初几天他不吃饭也不吃药，每天只喝几口白开水。据说，只要听见学生们朗朗的读书声，他那病弱的脸上就有着无限愉快的神情。

光绪二十二年（1896）四月二十三日，武训病逝于御史巷义塾。根据《清史稿》的记载："（武训）病革，闻诸生诵读声，犹张目而笑。"武训含笑离开了世界，享年五十九岁。出殡之日，堂邑、馆陶、临清三县官绅全体执绋送殡，遵照武训遗嘱归葬于堂邑县柳林镇崇贤义塾的东侧。各县乡民自动参加葬礼达万人以上，沿途来观者人山人海，一时师生哭声震天，乡民纷纷落泪。据说当时即有人相互低声议论："谁说武训没有儿子？"

在武训辞世的五十多年间，他的事迹感动了世界，首先感动了他的同胞们。

1903年山东巡抚衙门为武训修葺了陵墓、建造了武训祠，并立碑为纪。1921年，民国大总统徐世昌赠给武训"热心公益"的匾额。曾任山东教育厅长的何思源拨款重建了武训祠，并在武训祠堂立了尊武训汉白玉雕像。1932年，山东省主席韩复榘建造了"武公纪念堂"，并在纪念堂两侧建造了两个"武公纪念厅"。1934年，临清县武训小学发起了武训97周年诞辰纪念活动。参加这次纪念活动的人几乎囊括了当时全国军政要员和文教界知名人士。蒋介石、张学良、杨虎城、冯玉祥、于右任、郁达夫、陈衡哲、何思源等人都对武训的办学精神给予了颂扬。1945年12月，陶行知等人又在重庆兴起了纪念武训诞辰107周年活动。郭沫若、邓初民、柳亚子等人参加了纪念会。陶行知在四十年代物价飞涨、教育经费紧张的时期，曾在全国提出"跟武训学"的口号，要求大家做"集体的武训"，艰苦办学。

武训感化了无数的中国人。段承泽本来是一个军人，曾在孙传芳手下当过师长、副军长等职。1927年，当他驻军泰安的时候，听到朋友们谈起武训的故事，深受震动，当时立定了“退赃赎罪”的志愿，决心将自己的财产捐献出来。1930年，河北、河南闹水灾，段将军把灾民迁移到包头，依照“耕者有其田”的原则，实行集体生活和集体生产，以期造成共同劳动、平等享受的新社会。1933年，段将军又开办了武训小学，实施生活教育，以期创造新农村，建立新文化。段承泽去世后被人称为“荣军之父”。

1950年以前，武训的兴学事迹还被列入学校教科书中。全国共有七省三十多处学校以武训名字命名。特别是“大量办义学，急务此为最”的冯玉祥，在1932年至1935年间，在山东创办了十五所武训小学。全国甚至出现了武训出版社、武训街这样的名称。江苏南通的一所师范学校还将武训像与孔子像并列。山东民众甚至直呼武训为“武圣人”。在国外，武训被称为“无声教育家”“平民教育家”。

1950年后，武训被埋进了历史。新天新地的国家不需要他，新天新地的人民也被迫把他遗忘了。这个坚定地活在自己个体本位上的穷苦人，被丑化成一种乡愿阶层的可笑代表而被新社会抛弃。直到又一个三十年后，他才被人们小心翼翼地想起，按照胡乔木高超的汉语言政策水平，他在1985年如此说过：“解放初期，也就是1951年，曾经发生过对电影《武训传》的批判，这个批判涉及的范围相当广泛。……我可以负责地说，当时的这种批判是非常粗暴的。因此，这个批判不但不能认为完全正确，甚至也不能认为基本正确。”

但是，当今天的人们发现了武训时，也同时发现谈论武训的全部困难。我们当代的历史转型已经失去了武训所归属的传统中国厚重的文化土壤，武训的人生超出了我们今人贫乏可怜的想象。当今天的人们多在抱怨自己一年不吃不喝难以买到一平方米的房子时，武训却以三十年的努力创办了三所义学。这样的人是什么样的人？

这个乞丐决非一个吃了上顿愁下顿、心为物役的小民，而是发下金刚心有着非凡智慧的行者、圣者、明哲。据说，他省吃俭用，三十多年间乞讨所得，经营所得，贡献给义学的，相当于清政府年财政收入的八千分之一，相当于当今的八百万至一千万元。

在武训的人格力量面前，任何人都没有力量来为他加冕，任何机构都不配来给他盖棺定论。朝代不会比他更长久，国家政权的力量也不会比他更强大。因为只要中国人生活在这世界上，武训就活在这世界上。因为这样一个人在传统中国崩盘前夕活过了，他的全部努力在于救人救世，首先他救度了自己。他的努力，在相当大的程度上，是对于一个总以文明悠久灿烂自居的民族的绝大讽刺；这个民族上层成员的全部自得，在无数无明无知的同胞，首先是在无数文盲的同胞面前都得大打折扣，在武训和武训们的努力面前都黯然失色。他的努力，在相当大的程度上，是在生活的诸种可能里，重建了价值和意义。这种价值和意义，即使在高物质化的幸福指数面前，也坚不可摧。

谈论武训，最令人索解的是他那三天的昏睡，我们，甚至他自己也难以说清楚那昏睡的意义。也许那是天启，那是中外历史上无数圣哲、使徒们觉悟前的“高峰体验”。他像阿Q兄弟一样在破庙里睡着了，但阿Q梦见的是“同去同去”，武训找到的却是个人的人生道路。虽然人们多以为他是农民阶级的代表，他多次说过为穷苦孩子办学的话，他也说过不要忘记穷人的话，但是，在他的三十年行乞生涯中，最重要的不是血缘、阶层、阶级的意识，而是他要做事的意识。换句话说，他是立足于个人本位而非阶层本位做事。这种立足于个人本位就是一面可示范的镜子，照见自我的独立不依。“何期自性，本自清净；何期自性，本不生灭；何期自性，本自具足；何期自性，本无动摇；何期自性，能生万法。”因此，他的形象、生存状态所归属的底层并不真的懂得他，那个阶层的人们至多把他理解成好人、善人，反而上层士绅多从他那面镜子中读懂了人生的可能意义。蒋介石说他“独行空前”，汪精卫说他“廉顽立懦”。于右任说他“匹夫而为百世师”。蔡元培说：“武训先生提醒我们我国有普及教育的必要。”段祺瑞说：“丐金以兴学难于舍身以卫国是游侠传之，雄而非卑田院之客亿万斯年式以民德。”冯玉祥说：“特立独行百世流芳，先生之风山高水长。”杨虎城说：“风兴百代。”

这个文盲像历史上大字不识的天才教主慧能一样，顿悟成佛，那一道强光如醍醐灌顶，更新成就了肉身，肩负起人间大道。慧能是要开宗立派，为无数同胞寻找救济解脱之道。武训却仍旧以身见证，他像大阿罗汉、使徒、圣愚、义人、侠客，自身清明，却回向尘世，为我们示范了一种可能的人生。他强大的精神力量重构了苦行的意义，苦行在他那里不再是悲惨生活的象征，而是一种心灵、人格和精神趋于完善的途径。这个圣徒的精神有如另外一个圣雄，将会让后人长久地惊奇，如爱因斯坦说："在未来的时代，可能极少有人相信，这样一个血肉之躯曾在地球上匆匆走过。"

# 王凤仪：儒家的慧能

王凤仪，名树桐，字凤仪，1864年（清同治三年）11月1日出生于热河省（今辽宁省）朝阳县云蒙山前王家营子村的一个蒙古族家庭，祖上几代务农为生。因家贫王凤仪不曾读书，自幼便给人家放牛，稍长就为人家扛活做工。

十四岁时，王凤仪给族人王树德放牛，即显露出淳厚善良的天性。他放牛三年未曾损伤一牛。给牛饮水的时候，饮完了不叫牛跑，怕它患了水受病。冬天生牛犊时，晚上把牛犊抱到伙房炕上，怕它冻死，使“母子平安”。他说：“因为有牛，东家才给我们饭吃。若是不爱护牛，就太没有良心了！”

王凤仪自小就爱思考。有一次叔伯姐姐吵骂祖母，伯父在一旁观战，并不管教女儿也不安慰母亲。大家习以为常，王凤仪心里不是滋味：当人们生儿孙时，亲友都要来贺喜。可是像祖母得到这样的儿孙，又有何喜可贺的呢！他进而明白许多道理，大家以为可喜可忧的，在他那里不一定如此。有一次，东家的族人争房产，弟兄们争吵起来几乎要出人命，当时王凤仪正在抬粪，正好抬到粪堆边，他把粪筐一倒，大声说："我非当个异样人不可！"（决不为妻子争财产，伤手足之情。）

少年王凤仪曾在亲戚张家打工。一次，张家表侄叫他吃饭时喊道："做活的，吃饭了！"他听了心里不高兴，他开始天天想，"怎么叫做活的呢？"想不通就继续想。他一面做活，一面问天："怎么叫做活的呢？"耕地时，便问牛："怎么叫做活的呢？"这样问自己时，连对面的人大声说话，他都听不清楚了。问到九十多天，别人说话，他只看见嘴动，连声音都听不见了。问了一百天，他问明白了，这是"天命"！人做活，要"做活了"，不可"做死了"。

在周姑丈家打工时，王凤仪认为以孝著称的周姑丈还有不圆满的地方。周有个姐姐，穷无所归，住在周家。周姑丈待姐姐并不太好。有一天，王凤仪干活时，听到一边的姑丈对人夸自己当年怎样尽孝，王凤仪大声说："我不佩服啊！"姑丈非常生气，问道："你怎不佩服？"王凤仪说："你只能孝身，不能孝心，所以我不佩服。"姑丈大声说："你得给我讲明白！"王凤仪说："你姐姐是不是你父母的心尖，她来了，你叫她在伙房吃饭，孩子们还骂骂吵吵的，你父母若在世，心里能不难过吗？让父母难过，能算孝吗？”姑丈听了，好一阵子说不出话来，后来竖起大拇指说：“我摊上你这样亲戚有德！”他立刻把姐姐请到上房，痛哭流涕地悔过。

周姑丈的长子周国元以教读为业，名重一方。周国元很是自得，常说：“我们教书的责任可大啦，哪一个高官显贵、孝子忠臣不是我们教出来的呢！”有一年端午节，周国元讲起屈原的故事，并说：“屈原也是老师教出来的。”王凤仪反驳说：“你这话也对，但不周严。你只知道你们文人责任重，但不知天地间人人的责任都不轻呢。我虽是庄稼人，是你家扛活的，但我的责任也不轻于你。我尽心竭力地种地，若多收一粒粮食，天地间就多得一粒粮食。我们在你家做活，若不好好侍弄地，一亩少收一斗，百亩就少收十石，你家得全家一年不吃饭才能补上，但你家没少吃一粒粮，是不是天下少了十石粮呢。你们念书人常说天下兴亡匹夫有责，达官显贵，都得吃我们种出来的粮，我们扛活的责任难道比你轻吗？”周国元表兄无言以对。

1898年，王凤仪三十五岁，此前他身上长了疮痨，十多年未愈，疼痛难忍，一度有性命之危。正月时，他碰巧去听杨柏宣讲善书，当听到三娘教子的故事时，王凤仪恍然大悟：“贤人争过，愚人争理。”他觉得心里亮堂了，怪不得自己是愚人，愚人才争理呀！他悔过时哭了，回家路上仍责备自己：“你专看人毛病，那怎算对？人家不对就生气，那怎算对？”一直数落到家。

夜里仍自己问自己，问来问去，问得自己笑起来，把过悔真了，顿悟从前皆非。第二天早晨，觉着肚皮痒，一看原来长了十二年的疮痨，一夜工夫，竟结了疤，以后完全好了。这件事是他后来发明性理疗病的根源。

疮痨病愈，王凤仪在听人说书时，听到女子有七出之条。他就用心考察村里的男女，从村东头数到村西头，就没有一个女人不犯七出的，而男人，也没有一个尽孝尽悌的。男不知尽忠孝，女不知贤淑，王凤仪生出弃世念头，他躺在炕上绝食五天。以至于后来灵魂出窍，不用腿走，离地不高，飘飘摇摇的，任意飞行，逍遥自在，轻快极了，因听见猪叫回家，进屋看见自己的身体。灵魂入体后醒来，想明白活着的意义："先孝顺老人，等到老人作古，再去劝化世人，才能改变世风。"

因为杨柏无意中跟土匪交恶，有性命之危。王凤仪决定救他：杨柏是一方的善士，他若遭到这种恶报，以后谁还做善事？王凤仪想了三天，拿定主意，吃完晚饭后对父亲说："我走啦。"父亲问："你上哪儿去？"他说："救杨柏去。"父亲担心地说："你能救得了吗？"王凤仪说："救不了，就学羊角哀舍命全交。"他在路上念念有词，"杨柏死了，我也不活着！杨柏死了，我也不活着！"行至途中，夜间忽然出现光明，好像白天一样，王凤仪豁然开悟，乃明心见性。他不仅知道了杨柏的过去未来，也知道了国家和社会的未来。他自己说："就因为我这几天，时时刻刻地问怎的能救杨柏，一心一意地格物救杨柏。格物得真了，就空身无我、空心无欲、空性自明了。上天给我们的性，是无所不知的，我救杨柏时，忽然知道一切，就是天告知我的。我知道世界准大同，所以我先和世界同了。”

1901年，王凤仪的父亲去世。为了实行守孝三年的古礼，王凤仪搭草棚于墓侧，饭时必祭，祭而后食。外出或归来时，他必到坟前叩拜。王凤仪曾说：“我守墓时，在山的阴坡，冬天很冷，我在那里住着，人们都替我愁，我却很坦然地日日寂然悟道，我感到我的小屋真温暖如春。”

在守孝期间，王凤仪发明的性理疗病法成熟了。他总结说：“病是吃气活着，疮是吃火活着。”他的治疗办法就是跟人讲病，讲好病的人日益增多。守孝期满的1904年，有心人约集一起，请王凤仪出山，到当地的宣讲堂去劝世化人。王凤仪讲好过不少疑难病症，如为儿媳白士珍讲好火咳嗽，为邢九先生讲好重病，为姑母讲好心口疼病，为赵品三讲好七年瘫痪症，为王恕忱讲好转食症，为刘玉清讲好多年的腹内痼病，为刘玉成讲好瘫症，等等。

通过实践与观察，王凤仪认为，欲社会好，必须有好的国民；欲有好的国民，必须有良好的教育。家庭教育是人生全部教育中最初的，也是最关键的。良好的家庭教育，必须有良好的母亲。良母的形成，必须从姑娘时期做起。王凤仪说：“女子是齐家之本，清国之源。”

1905年，王凤仪听说义县有女学，就劝妻子白守坤去念书，妻子不乐意，劝了多次后才答应。九月初一，王凤仪送年已三十八岁的妻子上学。白守坤骑毛驴，他步行，村人都来送别，问什么时候能回来。王凤仪说："不出息，不用想回来！"走了三天，白守坤哭了一路："谁老了还念书？"王凤仪说，"你老了念书就能返老还童。你记住，你上学以后，我身上的衣服，不用你洗、做，你一心念书就行。古人说：人离难，难离身，一切灾殃化为尘。你现在去求学，离开家庭之苦，正是人离难，将来把书念好了，能教书，就是难离身，你把脾气禀性化了，就是一切灾殃化为尘了。"

1906年，王凤仪开办学校，由妻子白守坤教女学，儿子王国华教男学。白守坤教学相长，进步极快。因教书认真，人们多送以好衣物，王凤仪说："我叫你们转移风俗，谁知道你们被内俗所转了，走吧！到别处去吧！"他要妻子离开，"我们为改善风俗，哪能在一处久住呢！"王凤仪投身教育几十年。他创办女学、幼儿园、敬老院，仅是女学，就办了七百多所。

王凤仪不识字，即使知道办学的重要，他自己仍认不了多少字。作为农民在当地办了多所学校，谣言四起，说他有邪术，知府为此召他去，让他看告状的传单。为了平息知府的怒气，他慢慢地看着传单，他不认多少字，只是装着来回看，待知府平静下来了，他才说："我本是一个农民，我就知道叫女子念点书，可以出苦。我连着办了几处女义学，旁人疑我是农人，怎会有这样的力量呢？所以他们那样说。"如此争取了知府的理解。

1909年，变法呼声传遍中国大江南北。朝阳知府王乃斌与时俱进，召集全县士绅民众讲解时政，王凤仪也去参加。王知府看见了他，就请他登台并坐，向众人介绍说："这就是王善人凤仪先生，他守墓三年，近来又办女义学多处，我恭敬他，是恭敬他的人格，诸君如能像他，我也同样恭敬诸位。"晚上知府请王凤仪到家里去，他对王凤仪说："你也应该做两件衣服，有事时我也好抬举你。"王凤仪说："我去的地方，多数是些穷苦人家，我若穿几件好衣服，自己发拘，人家招待也作难。因此，我才穿这样的衣履。"王知府称赞："你真是个善人啊！"

为王恕诚治病是1911年，当时听王凤仪讲病的张雅轩把他接到好友王恕诚家，王恕诚患转食症数年，医治无效。王凤仪想起"三皇治世立人间，五帝为君紧相连"两句话，就给王恕忱讲病。张雅轩说："你真欺负人，那两句话，放猪的小孩都会说，怎能治病呢？"就生气走了。王凤仪继续说："人的三界性、心、身有过错，就要受天、地、人这三皇来管辖，伦常有亏，命就不足，一定有病。"王恕忱听后有悟，并说："我腹中固结如石，现在觉得有些动转。"王凤仪说，"你今晚在祖先堂前叩头，然后再向你父母叩头，跪述以往的过错，说得真了，病就可以吐出、吐净，再喝稀稀的小米粥。"恕忱如法去做，腹中之病立愈。第二天，张雅轩见王恕忱病真好了，极受震动，他说："我立志三年穷，决意破产兴学。"二十五岁的张雅轩自此追随王凤仪在东北创办多所义学。

1912年，王凤仪的妻子白守坤在朝阳府教官学，薪资八两银子。这一年，王凤仪办义学需要培训师资，他要妻子白守坤辞职，回来帮忙教学。当时官学也需要女教师，为白守坤增薪至十二两银子。王凤仪说："我们是为了改造世界，岂是只为挣几两银子呢？"他对妻子说："你再继续为了多挣银子而教学，路子就走错了。"

民国年间，有"神童"之称的江希张创办了"万国道德会"，在全国都办有分会。1930年9月，王凤仪与江希张见面，江希张说："久仰凤仪老先生的大名，希张非常感佩，不但希张感佩，就是先母在天之灵，也感佩凤仪老先生（江母存办女学之志，未成即逝世，故希张有此感佩之语）。"江希张问王凤仪："著《金刚经》的成佛呢？还是解《金刚经》的成佛呢？"王凤仪说："著的、解的都未必成佛，行《金刚经》的方能成佛。"江希张当时大惊："吾遍历西欧各国，所遇名人，均是大学问家，未有如王老先生者。王老先生真是今日之伟人，将来的圣人，真有圣人资格。"

王凤仪没有偏见。他说："真理唯一，但其道路非一。"心理学家许金声称赞王凤仪的天性之善，他认为王凤仪对宗教有一种融会贯通的能力。王凤仪说过："不论哪一教的门徒，把一教的经典钻透，都可以和其他宗教打成一片。"

王凤仪说："孔子行忠恕，耶稣行博爱，穆罕默德行仁恕，老子用感应，佛陀行慈悲。五教教主，全是用善心，行天道。他们都知道身体是个臭皮囊，早晚是要坏的，只有天性，能存万古。所以孔子主张‘杀身成仁’；耶稣说‘为义而死的，能回天国’；穆圣说‘真回教徒处逆境，常抱乐天知命之念’；老子说‘及吾无身，吾有何患？’佛被哥利王割截身体还说‘我成佛，先度你’。他们全知道身体是暂时的躯壳，性灵才是万古长存的。为了借假修真，才肯牺牲肉体，完成大道。”

王凤仪说：“拿一个混沌来说，也可以分为四季，太古时代为春，尧舜时代是夏，周朝以后是秋，近代是冬，我因为知道天时到冬季了，所以做起事来，总以收敛为主。然而，现时即将到春季了，所以天下大乱，乱正是治的起头。”“太古时代为春，以志为主。尧舜时代为夏，道在君相，其中有好有歹，所以必赖君相教之。周朝以后为秋，道在师儒，所以孔子出而讲道。到现在为止，道在愚人身上了。因为愚人（居于下层社会）不敢为恶，所以要能品格优良，道德纯粹，便具有教人的资格。就是下级社会的人，只要你有道，就可以发展，所以我乐极了。”他说：“要换世界了！将来人是公人，产是公产，大同即将开幕了。”

有人说王凤仪是“民国奇人”，有人说他是“民间教育家”，有人说他是伦理教育家。梁冬说他是“儒家的慧能”。

1937年11月25日，王凤仪无疾而终，享年七十八岁。辞世前，有人问他：“您归道还回来不回来呢？”王凤仪说：“大同世界还没实现，怎能不回来呢？像我这样的人，世界各国全有，天时一到自然全都显露出来，大同就开幕啦！孔子不是说‘十室之邑必有忠信’吗？”

# 袁焕仙：轨万有之一行

对一般读者而言，民国热似乎已经穷尽了民国的人物和事件。但对历史和民族生活而言，对民国人物的读解仍有很大余地。曾有论者说，当代的民国热仍是意识形态式的，对社会主流地带的政治经济文化人物过于关注；而对那些边缘者、特立独行之士、对华夏文化各类生活方式的传承和践行者的关注非常不够。这一评述相当精深。从这一角度看近现代中国，还有相当多的空白有待今人挖掘填充。以儒释道文化的传承而言，袁焕仙先生的人生功德就值得今人了解。

今人了解袁焕仙先生，多得益于其弟子南怀瑾先生的介绍。如果没有这一位名满天下的弟子，袁先生或许只能永远消失在历史里，或只成为地方乡贤野老们的零星记忆。文明史的一大悲剧在于，那些立功、立言者未必都有机会成为大众的典范。但是，像袁焕仙那样的人确实是文明史需要感念的，他们的人生价值并不在于给后人多少资粮，他们的人生价值既在给自身以圆满，又在夯实一个文明的能量。

袁焕仙本名世杰，小时即表现出不凡的天资。十三岁应童子试，名列前茅。民国初年（1912），袁毕业于四川法政学堂，历任越隽县知事、二十军监督及军法处长等职。据说袁在四川军阀杨森手下做事，结识了杨森的部下朱德，当时的朱德称袁为“焕哥”。

1926年，四十岁的袁焕仙弃官退隐，潜心于佛学禅修。袁先师从于吴梦龄先生，后来出川行脚，遍访国内高僧大德。1935年2月，在汉口归元寺，参叩于湖北禅门高僧秀空老和尚；同年4月，参谒穹窿山道坚老和尚。这一番修行回到成都，人们多称袁焕仙已经大彻大悟，但袁焕仙本人更加精进精勤。

1942年，袁焕仙到灵岩寺闭关三个月，随后主持灵岩禅七法会。法会甫一亮相，就震动整个西川禅林。这一次盛会，袁焕仙成就了三位开悟的弟子，即被誉为头名状元的南怀瑾、榜眼郭正平、探花杨光代；另外还有朱叔痴、马白眉、果州道士等人，也于禅道有所悟入。

1943年，人称“大禅师”“大居士”的袁焕仙，与省内名士潼南傅真吾、大竹萧静轩、巴县朱叔痴、荣县但懋辛，以及山西贾题韬等人，正式成立了“维摩精舍”。“维摩精舍”宗旨有三："整理禅宗原理以至方法，使之成为整体之系统。""比较与其他宗派之异同，以明禅宗教外别传之特点。""结合中西学术思想，提高禅宗之学术地位及其实用价值。"袁先生身体力行，在精舍内开讲国学经典中的精华要义，他的努力，使得"维摩精舍"成为中国居士禅的一面旗帜。

抗战期间，袁焕仙先生曾应成都佛教界之托，带着南怀瑾到重庆迎请当时中国的禅门领袖虚云老和尚到成都传法。虽然虚老最终没有到成都，但袁先生与虚云老和尚会晤的这段因缘，却成为当时禅林的一大逸事。

1946年，袁焕仙先生以国大代表的身份，在南京成立了"首都维摩精舍"。当时的政界要人陈诚、陈立夫、周宗岳等均执弟子之礼叩，而袁先生只以佛法教化于人，不论及余。为了应付时事，袁先生不得已写下了《我之国是》一文，宣称全国应"团结以御外侮，安息以厚民生"。

1947年，袁先生应邀赴台湾讲法。当时有日本和尚去参叩问法，日僧顶礼三拜，长跪举右手伸一指曰："请问先生这是什么？"袁焕仙站起来，高声用他的川腔呵斥："我日你妈呦！老子这里一样都莫得，东比西画作么！"日僧被吓得惊起，拂衣而去。有人埋怨袁焕仙脾气不好，袁焕仙也懒得回答。

从台湾返川后，袁焕仙仍全力主持"维摩精舍"，并时常往来于四川各地讲经说法。1949年以后，袁先生家居休养，1966年溘然圆寂，享年八十岁。

我们看袁焕仙先生一生，可以说，他跟很多奇人异士一样，跟主流社会的生活事业模式有一定的距离。比起新文化运动以来的新派人物，袁先生们也许偏于保守；比起民国史上的保守派人物，袁先生们又偏于维新；甚至比起重启道体的新儒家们，袁先生们更通达，更生活。他不是断裂的，不是补天的，不是遗老遗少的。但他对儒家、道家、佛家实修实证实参，他代表的是传统中国文化在现代史上的自然演进。这是一条至今仍被忽略的文化线索。

众所周知，传统中国文化在汉唐后发展为儒释道三大流派，到宋明，三派合流。这一合流的历史趋势为鸦片战争后的政治经济变革几乎强行斩断，新文化运动造成的断裂不用说，就是新儒家的勇猛精进也忽视了儒在宋的理学、明的心学后已经吸收了道家、佛家的成果，并与后者一道主导着中国文化的流变。而当代人复兴传统者，更是忘了这一历史变局，以为复兴即是复兴文献意义上的儒家真精神。

但袁焕仙先生们应该清楚自己的命业。他在《维摩精舍丛书》中，将儒、释、道三家精神，圆融贯通为一个整体；同时旁涉西方文明，直指世道人心："燃先圣之心灯，续众生之慧命，揭宇宙之至理，轨万有之一行。"

在袁焕仙的棒喝磨砺下，"维摩精舍"造就了一大批人才，为中国传统文化的复兴，保存了火种。其中的"三大士"和"峨眉五通仙人"，即南怀瑾、杨光代、郭正平；释通禅、释通宽、释通远、释通超、释通永，还有徐剑秋、伍所南、吕寒潭、邓岳高等人，都是一时的大德居士或禅门俊杰。

跟书院或现代大学教育不同，袁焕仙的教育方式是生活的。南怀瑾成为其弟子就是一例。当时南怀瑾到灵岩寺游玩，正好遇到袁焕仙出关。两人见面后，袁焕仙说："我听说你武功很高，会太极拳，我向你拜师啊。"南怀瑾谦虚一番后，也就认真教袁打太极拳。但袁焕仙的太极拳没有学成功，南怀瑾反而拜倒在这位大禅师的门下。徐剑秋的拜师同样传奇，"维摩精舍"附近有一"近圣茶园"，袁闲时爱去那里品茗下棋，而徐剑秋跟他是老棋友。有一天，他们正在下棋时，侍者来催袁："先生，讲经的时间到了。"袁起身向徐剑秋告辞，徐惊问道："你还讲得来经啊？讲什么经？"徐剑秋跟随袁先生姑且听一听。袁焕仙当天开讲《中庸》，一堂课下来，徐剑秋惊叹不已，立即拜师，成了"维摩精舍"的著名弟子之一。

袁焕仙先生的立身处世方式到今天都未必能够成为主流，今天像他那样的人物事迹同样存在，但同样会被轻视，会被当作"野狐禅"。当年袁结集时，曾寄赠太虚大师，但太虚大师批评为"掷付侍者""两样畜生""一般假名""一场败阙"，一时让袁的弟子哗然。其实，这种遭遇今天仍在重复。被埋没了数十年的袁焕仙夫子和"维摩精舍"的文化精神，今天因为南怀瑾先生而得以重现，南怀瑾"纵横十万里，经纶三大教，出入百家言，数十年来著作等身"，可以说把袁焕仙们的功言德行发扬光大，但南怀瑾先生在主流学界或正统眼里，仍是不被认真对待的。

今天回望袁焕仙们，我们仍缺少足够的经验去走近他们。我们都希望中国文化的复兴，但中国文化是什么，跟我们自身的生活生命经验有什么关系，已经很少有人说得清楚了。袁焕仙们的人生至少是一条可供参详的线索，他们在当时及今天的存在，值得我们同情，虽然我们未必理解。

# 龚自珍：衰世中的诗人

对文明衰败的感受是近六七百年以来中国天才们共同的感受，除了随着明清华夏变夷之际的挑战而出现了顾、王、黄这些个人的匆促应对外，中国一流男人最好的人生状态就是生活在梦中，汤显祖临川四梦，曹雪芹红楼大梦，容若公子浮生一梦，等等。这些天才在文明的铁屋子里无可展示才华，苦闷无已，只好在梦中成全自己。不能做梦的人只有痛苦、变态、偏执。朝政、士林、世风和文明方式的衰败导致一流的天才们转移、升华、自杀。西方“黄金时代”后期弗洛伊德对梦的解析，最为人惊异的就是可以移用东土来解释我们文明中的男人。历史的诡异还有，最早叩开国门的不是道德文章，而是礼仪信仰，是食货贸易，是文明模式的对话可能性以及背后的硬实力——炮舰。文明的对话，在相当的意义上，相当于网络时代的流行语——见光死；那些把存天理灭人欲追求到极致的文明只能在黑暗中生存，一旦见到文明的人性之光即会死去。

幸运的是，在这种文明衰败并且要见光死之际，汤显祖的梦已经做完了，李贽自杀了，徐文长疯了，顾、王、黄的眼泪也哭干了，容若公子夭折了，曹雪芹的红楼不了也了了。他们都没来得及更痛切地感受做一个华夏文明人的耻辱和败落。第一个感受这种耻辱和败落的天才男儿是龚自珍。

龚自珍出生在一个官僚家庭。他的祖父龚敬身官至云南楚雄府知府，他的父亲龚丽正官至江南苏松太兵备道署江苏按察使，可以说祖、父皆为显宦。他的外公段玉裁，著《说文解字注》，是著名的古文字学家。这个天才一开始就不为当时的学问所束缚。文明方生方死之际，最好的人才都只是忙于考据、训诂，皓首穷经。龚自珍的耻辱感是强烈的。1812年，他二十一岁，新婚蜜月，曾和妻子泛舟西湖，并作词一阕《湘月·天风吹我》，其中有“屠狗功名，雕龙文卷，岂是平生意”“怨去吹箫，狂来说剑，两样销魂味”等句子，既有满腹的抱负，也流露出文人伤感的气质。

康乾盛世之后的国家臣民心态封闭得可以，盛世中的文字狱使得一般读书人都不敢谈论经世之学，而只得埋头于古籍中去搞考据训诂，致使学术界、思想界死气沉沉。而欧洲正在发生民族国家的争霸。1815年，俄国、普鲁士、奥地利缔结“神圣同盟”，拿破仑颁布了他一生自豪的法典《法国自由宪法》，虽然同一年他被迫下野并被流放。1815年的龚自珍仅二十三岁，就完成了《明良论》四篇，其二开篇即是“士皆知有耻，则国家永无耻矣”。他描述的士林状况：“避席畏闻文字狱，著书都为稻粱谋。”段玉裁在看到《明良论》后，欣慰道：“四论皆古方也，而中今病，岂必别制一新方哉？髦（耄）矣！犹见此才而死，吾不恨矣。”段器重这个外孙，称许少年自珍的治经史之作“风发云逝，有不可一世之概”，诗文则为“银碗盛雪，明月藏鹭，中有异境”。

他对时代社会与个人的看法有天才的直觉。在令人窒息的文明及其时代面前，他承认个人命运的脆弱。“君子所大者生也，所大乎其生者时也”。那么，他生逢何时呢？“日有三时”，“早时”是王朝初兴之时，因此“天下法宗礼，族归心”，“百宝万货，人功精英”，“府于京师”。“午时”是王朝大势尚在，虽有“窒士”（被压制的人才），然“天命不犹，与草木死”，尚不足为虑。可是到了“昏时”，这是龚自珍着意刻画的，也是他生而所逢之时，这时是“日之将夕，悲风骤至”。“人功精英、百工魁杰所成，如京师，京师弗受也，非但弗受，又裂而磔之”，即人才被诛杀。相反，那些“丑类窳呰（苟且懒惰），诈讻不材”即庸才之人却得到重用。因此，民怨物怒，“京师之气泄”。具体说来，则是“京师贫”而“四山实”；“京师贱”而“山中之民有自公侯者”；“京师轻”而“山中之势重”；“京师如鼠壤”而“山中之壁垒坚”。其结果是“京师之日（苦）短”而“山中之日长矣”。龚自珍预言，在这种“朝士寡助失亲”的情况下，人们都将寄希望于“山中之民”。一旦“山中之民”起而反对“京师”，那将“一啸百吟”，“有大高音起，天地为之钟鼓，神人为之波涛矣”。

龚自珍认为“世有三等”，即所谓“治世”“乱世”“衰世”，而“三等之世皆观其才。”龚认为，“衰世”时从外表上看“类治世”，而从实质上看，则“左无才相，右无才吏；阃无才将，庠序无才士；陇无才民，廛无才工，衢无才商”。并且更严重的是，即使有“才士与才民”，也将被那些不才之人“督之、缚之，以至于戮之”。这种杀戮，并不是用刀锯消灭肉体，而是“戮其心”，即“戮其能忧心、能愤心、能思虑心、能作为心、能有廉耻心、能无渣滓心”。如果从将相以至士民工商都没有这些忧心、愤心、思虑心、作为心、廉耻心等等，则“起视其世，乱亦竟不远矣”。

龚自珍批判了他生活的体制，士绅精英集团，那个集团流行的潜规则是等级、资历：“其资浅者曰：我积俸以俟时，安静以守格，虽有迟疾，苟过中寿，亦冀终得尚书、侍郎。奈何资格未至，哓哓然以自丧其官为？其资深者曰：我既积俸以俟之，安静以守之，久久而危致乎是。奈何忘其积累之苦，而哓哓然以自负其岁月为？”［那些资格浅的人是这样想的：我不求有功，但求无过，早晚总能熬到个尚书、侍郎。何必多嘴多舌（哓哓然），把前程断送了呢？而那些资格深的人又是那样想的：我历尽艰险，好不容易混到了这个地位，难道能忘掉这些艰苦，而去多嘴多舌，丢掉这个地位吗？］龚说："一限以资格，此士大夫所以尽奄然而无有生气者也。""至于建大猷（指治国的方针、原则等），白大事，则宜乎更绝无人也。"流行潜规则的官场因此死气沉沉。

龚自珍说，官吏、士大夫的这种"无耻"，其结果则是"辱国""辱社稷"，以至于亡国。官吏、士大夫的这种"无耻"，不应当只责怪他们，其根源是在于君主的极端专制。他认为，天子率领百官共治天下，应当是"但责之以治天下之效，不必问其若之何而以为治"。龚自珍说："一祖之法无不弊，千夫之议无不靡，与其赠来者以劲改革，孰若自改革？"意思是说，一个朝代的弊政总要被下一个朝代革掉；现在当朝的，有了弊政，与其让后来的去革，还不如自己革掉的好。

但龚自珍在科举仕途上并不顺利。他在十九岁时首次应乡试，只中了个副榜贡生，直到二十七岁时，他第四次应乡试，才中了个举人。以后，他多次考进士，连连落第，直至道光九年，三十八岁时，他才勉强考了个三甲第十九名进士，离落第差不太远。虽然中了进士，一笔字却写得很难看，所以点不了翰林，做不了大官。自己因楷法不如式屡不及格，"乃退自讼，著书自纠"。好像自我谴责似的，就像当代人常写的"认罪书"或"检讨"一样，读来有如英国狂生斯威夫特的杂文。他在《跋某帖后》说道："余不好学书，不得志于今之宦海，蹉跎一生。"他的字不中程式，不合馆阁体的规格，因之流传极少，也格外受人爱重。

因此，龚自珍始终只做了内阁中书、宗人府主事、礼部主事这样一些闲散的小官职，而且还不断受到主流士绅们的嘲笑、打击。他在当时士大夫中被目为"言多奇僻"的"狂士"，甚至称他为"龚呆子"。他那些猛烈抨击制度弊端的言论，就连他的一些知交都为他担心。如魏源在给他的一封信中就说："吾与足下相爱不啻骨肉，常恨足下有不择言之病。若不择而施，则于明哲保身之义恐有悖。"他的外祖父段玉裁虽然十分欣赏他的才华，然而也写信给他，希望他"努力为名儒、为名臣，勿愿为名士"。

但这个天才命中注定做不了力挽狂澜的名儒名臣。虽然他关心国家大事，做好了做名儒名臣的准备。他提倡经世致用，精研西北历史地理。在诗中自道"九边烂熟等雕虫"。九边，原指从辽东到甘肃的九个边防重镇。九边烂熟，就是深谙边情之意。又有诗道"掌故罗胸是国恩，小胥脱腕万言存"。他和当时一批有志之士如魏源、林则徐过从甚密，林则徐曾对他禁烟和杜绝白银外流的建议作了回复，信中说"责难陈义之高，博识宏远者不能言，非关切深注者不肯言"。他自觉地使学术研究与现实政治社会联系，使学术研究不流于空谈，而能实际有用，研究的课题也更多更广，所谓"为天地东西南北之学"，而特别致力于当代的典章制度和边疆民族地理，因而对现实政治社会问题提出了积极的建议——《西域置行省议》和《东南罢番舶议》，这一建议对抵抗外国资本主义侵略和巩固西北边疆是有重大的现实意义和历史意义的。后来的李鸿章对龚自珍也推许说："古今雄伟非常之端，往往创于书生忧患之所得。龚氏自珍议西域置行省于道光朝，而卒大设于今日。"

这个天才几乎是徒托空言地自我设计。在防止外国势力侵入方面，龚自珍提出了严禁鸦片，限定通商口岸和商品种类，巩固边防等等主张。而在内政方面，他早年曾提出了"平均"的主张。他认为，要达到社会的"平均"，主要要整顿"人心世俗"，使人人都有"平均"的思想。"人心者，世俗之本也；世俗者，王运之本也。"而要使"人心"平，则首先要"王心"平。只要"王心"平，那就会物产丰盛，百僚受福，人民安乐。在《农宗》篇中，他还主张按宗法制度立大宗、小宗、群宗和闲民四类。大宗（有继承权的长子）继承父田一百亩，小宗（次子）和群宗（三子、四子）分田二十五亩，闲民（兄弟中最末者）则为佃户。他想得太细了，而由于时代的局限，所有这些改革主张都是在所谓"古方"名义下提出来的药方。他有一首诗说："何敢自矜医国手，药方只贩古时丹。"其次，对于改革，他也只期望于逐步的改良，说什么"可以虑，可以更，不可以骤"。他知道英国，却不了解当时的天下文明之外的欧洲文明发生过的革命。

龚自珍只能取用既有的文明思想资源，他运用《春秋》公羊学派的“三世说”，对比统治者即“京师”和“山中之民”势力的消长变化，承认“山中之民”兴起的必然性，肯定未来时代的巨大变化。后来在学术思想上他又坚决地抛弃考据之学，进一步接受当代《春秋》公羊学派庄存与刘逢禄的影响，所谓“从君烧尽虫鱼学，甘作东京卖饼家”。当主流社会一片“天下升平，超唐迈汉”喧闹之时，他已洞察幽微，看到了潜伏中的时代危机，预言衰世将至。在他的诗中，常常以黄昏和秋气来隐喻王朝的悲凉没落：“夕阳忽下中原去”“忽忽中原暮霭生”“秋气不移堂内燕，夕阳还恋路旁鸦”。岁之将暮，日之将暮，堂内的燕子路边的乌鸦还做着春梦。龚自珍认为，知识分子在腐败的社会中是难以独善其身的，如同他诗中所写的，“四海变秋气，一室难为春……所以慷慨士，不得不悲辛。看花忆黄河，对月思西秦。贵官勿三思，以我为杞人。”

但这个天才怀才不遇，他也特立独行。据说他长相奇特，言行奇特：“有异表，顶棱起，而四分，如有文曰十。额凹下而颏上。目炯炯如岩下电，眇小精悍，作止无常。”跟人谈话时爱说笑话段子，谈诗论文时蓬头垢面，不屑于也没有时间洗漱。有一次他住在别人家，来客人时跟人聊天，聊得兴起，他居然跳到桌子上手舞足蹈。送客时，他也不知去向。在京师时，他曾拉不相识人同饮（龚诗有“朝从屠沽游，夕拉驺卒饮”句）。在杭州时，常嘱家人备盛馔，却不招一客，至期对空空客座举箸呼名劝酒。于是朋友都称之为“龚呆子”。

当时的官绅大老阮元，晚年退居乡间，为避免“俗客”，伪称耳聋，对求助者也较冷漠。只有对龚自珍例外，并极为大方。只要龚自珍来拜访他，“则深谈整日夕，并不时周之”。当时人编顺口溜说：“阮公耳聋，逢龚则聪；阮公俭啬，交龚必阔。”

这个天才既无能贡献于国是，又无能跟他身处的文明决裂。因此他只能把精力发泄到别处，所有传统文明最好的或最猎奇的心态世态他都经历过了。他同情民众的苦难：“只筹一缆十夫多，细算千艘渡此河。我亦曾糜太仓粟，夜闻邪许泪滂沱。”他是接近现代批判性的知识分子：“金粉东南十五州，万重恩怨属名流。牢盆狎客操全算，团扇才人踞上游。避席畏闻文字狱，著书都为稻粱谋。田横五百人安在，难道归来尽列侯？”他有边塞阳刚诗意：“故人横海拜将军，侧立南天未蒇勋。我有阴符三百字，蜡丸难寄惜雄文。”他更有为东土万有生民的祈祷：“九州生气恃风雷，万马齐喑究可哀！我劝天公重抖擞，不拘一格降人才。”

他“宥情”“尊情”，因为他尊重个性。他反对对个性的强制束缚，认为这样会压抑人才的成长。为此他写过《病梅馆记》无情地嘲笑士林的乡愿、犬儒和堕落。在庸俗的官僚士绅社会的包围中，他成为众矢之的、“狂不可近”的人物。清醒的、有志气的人被排斥着，被嘲笑着，而天下是死寂的。“秋气不移堂内燕，夕阳还恋路旁鸦”：天下虽然面临着“秋气”的侵袭，夕阳西下，暮霭沉沉的情景，而主流社会还是醉生梦死，安然自若。他们不知道“四海变秋气，一室难为春”。“天问有灵难置对，阴符无效勿虚陈”，问天无用，一切筹划都是白费。甚至作诗也是徒然，“姑将谲言之，未言声又吞”：他只能抱着深沉的忧郁和孤独，以及特有的清醒和自信而无可如何。

他因此也是个大玩世者，是一个不肯调和的间世者。据说他爱吹牛，爱赌博。是真名士自风流，所有传统文明的风流人生他都经历了。他爱赏花，有“青门何有？几堆竹素，二顷梅花”吟咏。喜交友，豪称“愿得黄金三百万，交尽美人名士”。喜游山，观黄山云海，他发出“千诗难穷，百记徒作”的浩叹。喜收藏，文博藏品之富，其儿媳妇之弟陈元禄称之为“不可胜记”。他得到一方古玉印时，称“入手消魂极”“引我飘摇思”，又称“自夸奇福至，端不换公卿”。他高看宋拓洛神赋十三行，称之为“最所珍秘”，为其藏帖“二千种之冠”，特邀林则徐、魏源、何绍基等好友同赏。龚自珍赏王时敏《九友图》时，发出“相见便情长”的感叹，声称犹如“身到亭亭九友旁”。其得王应绶所绘精品成扇，常“袖里珍擎怀里握”。研究藏品所作《说宗彝》《说刻石》《说碑》《说印》《商周彝器文录序》《秦汉石刻文录序》《镜录序》《瓦录序》等专论文章，字里行间，时出新解，被金石学家吴昌绶誉为“精博绝特”。

一个中国一流的男人在衰世里不得用世报国，只能将一生的光阴耗费在这些雕虫小技之中。他只能在诗中表达自己的情怀。那些具有复杂的思想内容的抒情诗，给人一种深沉的忧郁感、孤独感和自豪感。在许多抒情诗中，他既歌颂少年朝气，侠客和义士，理想或豪杰人物，同时又羡慕“老辈”、隐士和“读书官”，留恋母爱和童年，企求纯洁的爱情，美貌天真而有才艺的少女，向往湖山胜境，乃至梦境、仙境和佛教的清净世界。“一箫一剑平生意，负尽狂名十五年”“来何汹涌须挥剑，去尚缠绵可付箫”“气寒西北何人剑，声满东南几处箫”“少年击剑更吹箫，剑气箫心一例消”“沉思十五年中事，才也纵横，泪也纵横，双负箫心与剑名”，等等。

这个亦剑亦箫的狂生因此睥睨万古。“庄骚两灵鬼，盘踞肝肠深”；“六艺但许庄骚邻，芳香恻悱怀义仁”：《庄子》《离骚》对他有很大影响，是他浪漫主义的主要源头。他的《最录李白集》认为，“庄屈实二，不可以并，并之以为心，自白始”，李白对他也有一定的影响。他的奇妙的想象，奔放豪迈、冲破约束的精神，以及瑰丽的文辞，显然可以看出和庄子、屈原、李白有直接的批判地继承的关系。但他在前贤面前仍然放狂言，如李白诗，他就认为“十之五六伪也”。他评白居易为“真千古恶诗之祖”，理由是“长恨歌‘回眸一笑百媚生’，乃形容勾栏妓女之词，岂贵妃风度耶！”

这个不幸的人却是清末有名的“丁香花案”的参与者。

晚清名词人顾太清，也风韵超群。这位守寡的王妃跟龚自珍家“两家交好”。大历史学家孟森考证说：“太清与当时朝士眷属，多有往还，于杭州人尤密。尝为许滇生尚书母夫人之义女……定公亦杭人，内眷往来，事无足怪。一骑传笺，公然投赠，无可嫌疑。”龚自珍投赠的诗即是：“空山徒倚倦游身，梦见城西阆苑春。一骑传笺朱邸晚，临风递与缟衣人。”但名士才女发生此事，却引起人们无限的想象，小人从中作祟，满清宗室家族将其视为奇耻大辱因此不问可知。本来人们对龚就看不顺眼，这下更有理由了，龚自珍被迫离开京师，1839年，他辞官回乡。而贝勒一死，家人也立即将顾太清赶出王府。孟先生称之为“家难”，其实与太清、定庵的交际密切不无关涉。

在回乡途中，龚自珍写下了三百一十五首《杂诗》，这就是著名的己亥杂诗。这是他回忆和记叙他一生经历、交游的叙事诗，在最后一首诗中，他十分伤感地写道：“吟罢江山气不灵，万千种话一灯青。忽然阁（搁）笔无言说，重礼天台七卷经。”他苦闷过、彷徨过、伤感过，但他没有陷入病态，没有成为大多数中国男人那样太监般的阴冷、卑琐和扭曲，他依然自信而充实。他骄傲地说：“河汾房杜有人疑，名位千秋处士卑。一事平生无齮龁，但开风气不为师。”

他的生存示范因此在当时和后来获得了长久的回应。他的诗名极盛，《己亥杂诗》有句云：“赖是摇鞭吟好句，流传乡里只诗名。”自注云：“到家之日，早有传诵予出都留别诗者。时有诗先人到之谣。”其实，他留给诗坛的影响又何止百年。黄裳先生认为，在严复、梁启超出现以前，龚自珍是独领风骚数十年的人物，他的诗文风靡了一世。只看他的遗集翻刻之多就可知道，虽然都刻得那么草率。黄裳更认为，龚自珍影响了后来的鲁迅和陈寅恪。至于梁启超，他在《清代学术概论》一书中承认：“晚清思想之解放，自珍确与有功焉。光绪间所谓新学家者，大率人人皆经过崇拜龚氏之一时期，初读《定庵文集》，若受电然。”维新派的康有为、梁启超、谭嗣同们都受到龚自珍的影响。

更不幸的是，离京两年之后，龚自珍即卒于丹阳县署，年仅五十岁。“暴卒捐馆”，死得不明不白，有人说他是被情敌鸩死。龚自珍无愧于自己的一生。尽管他那半伦不伦的儿子在英法联军焚烧圆明园时，匪夷所思地跟英军同往，取金玉重器归，发了国难财。但衰世文明的耻辱已非一人所能承担，龚自珍感受到的文明耻辱得由文明的全体成员来承担了。

学者傅国涌强调了龚自珍的“衰世”说，举世都是平庸窝囊之辈，浑浑噩噩，只知道吃喝玩乐、生物学意义上的存在。表面上看起来典章制度俨然，等级秩序严密，礼仪规范分明，一切都像模像样，十字街头灯红酒绿，歌舞升平，官方的统计数字处处让人感到繁荣昌盛，似乎前程一片大好。看上去一切都像是“盛世”，然而人的廉耻心、上进心、作为心都被束缚、被剥夺殆尽，整个社会在骨子里失去了生机和活力，只剩下按本能行事，一片“万马齐喑”的局面。不要说朝廷没有像样的宰相，军队没有像样的将军，学校没有像样的读书人，田野没有像样的种田人，工场没有像样的工匠，街市没有像样的商人，就连像样的小偷、强盗也都没有。不要说找不到真君子，连真小人也变得稀罕。

林贤治更早地注意到这个“山之民”跟大海的无缘命运。“他刚刚出生就被扔进山谷里，整个中国都被扔进山谷里。幽深了两千年的山谷，开始便是结局，他无路可走。少年时击剑吹箫，英迈又温柔，想见石破天惊的刹那，所有峭厉的峰峦都化作浑圆的波涛，舞涌于眼底。然而，大小鬼域，早已占据了可供攀越的去处。大海不可即，大海只是一种怆痛无已的情怀。”

更多的中国人同样理解这个转型文明中最纯粹的大诗人。因为毛泽东的宣扬，大多数中国人都知道他的名字，有人回忆自己的青春少年：“少年时便晓得有个诗人叫龚自珍，不是因为渊博，而是在当时人手一册的毛选中读到了他的名字，还有一首诗：‘九州生气恃风雷，万马齐喑究可哀。我劝天公重抖擞，不拘一格降人才。’这首诗打动了不少那时暂居山乡的少年，他们学识浅薄却自命不凡，身处卑贱而雄心万丈。及至年长，有机会细读了定庵的诗文，才发现他并不如想象中那样纯粹是个诗人，他有经学的渊博，小学的严谨，杂学的恣肆，释道的瑰丽神奇……他是富于激情的文学家，更是一个勇敢敏锐的思想家，风流儒雅中荡漾着一股勃然不磨的英气。”如果我们借用恩格斯的语言，可以这样说，龚自珍是传统文明最后的一位诗人，又是近现代文明最初的一位诗人。

# 宋　恕：罪己与问人

关于华夏文明的猜想，宋恕、夏曾佑曾问过：“神州长夜之狱，谁人之过？”这种猜想，在近代史上，自龚自珍以后，到康有为、孙中山、陈独秀、胡适、鲁迅等“五四”诸贤，都提供过答案，这些答案貌似不同，实际上异质同构。夏曾佑就说过，自己把神州长夜数千年的责任归罪于荀子，康有为归罪于刘向、刘歆，宋恕归罪于叔孙通、董仲舒、韩愈、程朱，其实没什么差别（“实则无不同也！”）。这是晚清以来我国读书人史观的重大特征之一，即他们开始反思中国时，无论他们如何解说中国史，他们的价值判断出自一种退化史观，在东西文明相遇的坐标里看自家的历史，他们承认自家的落伍退化。而宋恕是近代中国退化史观的集大成者。

当代人似乎不愿意接受这种退化史观了，在人家国富民强参照下能够具有自知之明仍是一件不容易的事。有人可能会笑话先辈们盲人摸象，但我们至少应该明白，他们那样寻找我国文明衰退的原因绝不仅仅是因为他们处于“内忧外患”的时代，而且还因为他们看待事物的眼光和尺度是宽广得多。比起我们局限于人生百年来说，天下、文明、历史、数千年奇变等等，构成了他们思想最重要的背景。对宋恕那样的牛人来说，要承认自家的落后远比我们今人要痛苦得多。我们今天的民族文明自信多是一种轻狂，而宋恕们的家国天下情感更是一种安身立命的血亲之缘。

宋恕出生于温州平阳一个耕读之家，原名存礼，字燕生，号谨斋。改名恕，字平子，号六斋，笔名支那夫、独泣向麒麟者，后又改名衡。宋家有良田两千来亩，宅旁有花园、假山，号称当地首富。宋幼年多病，体质羸弱，但他读书过目不忘，才思敏捷，出语不凡，小时候就有“神童”之誉。浙东学派的大学者、当过朝廷讲师（侍读学士）的孙锵鸣慕名来访，跑去跟他对对子，孙出上联“治国平天下”，宋恕对“吟诗工画图”。孙见宋恕出类不凡，就把自己的女儿许配给了他。这是一个希圣希贤的读书种子的人生之路。

孙家的玉海楼藏书十万卷，是当时国内著名的藏书楼之一。宋恕有此造化，学问自然深厚有根。1877年后，宋恕随孙锵鸣出游上海、南京等地，对世界大势有了进一步了解，更加发奋读书，希望从中找到御侮排外、振兴国家的药方。

宋恕曾说，他长大成人后，读了李善兰、冈本监辅、冈千仞以及郭嵩焘的文字，知道西方政教风俗几近于唐虞、三代，不禁感慨孔圣人的理想竟在海外实现了（“素王之志今乃行于海外哉！”）。他还回忆说，在他二十岁时，读了欧阳修“日本刀歌”，才晓得我们先人的大道居然出现在日本国（“始知海外有先王大道尚存之日本国”）。1897年12月，宋恕对朋友说：“中国事事不如古，宜也，治化不日进则日退，故无怪我国之好古。”他得出结论说，我国汉以后的儒学实为“阳儒阴法之学”，“周后明前，儒家兴西，法家炽东，董、韩、苏、程之论，莫不以法乱儒，长夜神州，孤识隐痛。”以至于造成神州长夜，文明退化，故而认为汉以后“阳儒阴法”之学皆不足为法。在宋恕看来，“儒家宗旨，一言以蔽之曰‘抑强扶弱’；法家宗旨，一言以蔽之曰‘抑弱扶强’。”

宋恕说，中国要想复兴，必须复教，即恢复孔孟之义。但这种复教，并不是我们通常理解的克己复礼，宋恕对儒家典籍并不尊重。《春秋》是集中阐述儒学要义的一部儒学经典著述，《易经》也是孔子极为推崇的儒家经典。宋恕却说：“王介甫谓‘《春秋》为断烂朝报’，天古卓识！余尝谓‘《周易》为古雅庙签’，与介甫语无意成一巧对。”他认为，礼从人生的需要向强权崇拜的转换——“以法乱儒”是汉儒叔孙通完成的（“自叔孙通采秦仪，媚汉主，而三代以前君臣相接之礼遂不得复见，赵宋后更盛；而白种诸国君臣相接，犹存古礼，首宜则效”）。

在宋恕的心目中，我国士人心目中的“三代”，在现实中已经跟西方、日本等同。这虽然是很多晚清读书人的想法，但可以说只有宋恕有效地把儒学的家国天下转向了全球，即承认理想的社会不仅在遥远的三代，而且在切近相邻的欧美、日本。梁启超称宋为“黎洲以后一天民”，谭嗣同称宋为“卑之犹可后王师”，都看到了宋恕的一个方面。有人认为，宋恕同时代的变法家很少能站在与生活世界等高的共同体上来思考全球秩序，也正是从这一视角出发，宋恕认识到秦汉以来的中国政制是反人类的。但对宋恕来说，如此认知，并不必然地全然否定我们的儒家文明，也不必变本加厉地抱持儒家原教旨主义。宋恕晚年对朋友说过，夏曾佑贬孔太武断，康有为尊孔也太武断，在他眼里，孔子是一叙述古代中国的政治原理，并且向往天下大同的大志士。

也许因为这些原因，宋恕在当时上层士人心中分量极重。1892年，宋恕抵达天津，李鸿章单独接见，夸奖他是“海内奇才”，让他担任水师学堂汉文教习。甲午战争失败后，宋恕离开天津寓居上海，整理著作，为中国变法寻找理论基础，他说自己永远站在穷人一边（“著书专为世界苦人立言”）。此后，在上海接触了康有为、梁启超、谭嗣同、汪康年、叶瀚等大批维新派人物，并和张焕纶、孙宝瑄、胡惟志、章炳麟等人经常在一起，成为上海维新派的理论核心。孙宝瑄叹为“旷世之大儒”，并尊之为师，谭嗣同在赠诗里赞为“后王师”。影响历史的《光绪皇帝罪己诏》就是由宋恕起草的。

但宋在历史上的影响显然不及李鸿章、张之洞等人。从一个历史观念的集大成者来说，在为我国变法提供思想资源方面，宋恕的影响也不及康有为、孙中山等人，更无法跟邻国日本的福泽谕吉相比。这里的原因是多方面的。用宋恕自己的话来说，庄子曾以为人生最痛苦的莫过于心死，他老宋则觉得世间最悲哀的莫过于人荒。心死了，流再多再久的血也无动于衷；没有人了，走遍天涯海角也找不到一个人才。（庄生曰“哀莫大于心死”！宋恕曰“悲莫大于人荒”！心死之极，流血千龄而不稍动恻；人荒之极，纵横万里而不得一士。）宋恕在我国近代史上特殊的时期，甚至说是豪杰之士辈出的时代，却有“人荒”之叹，跟王照的话如出一辙（“中国之大，竟寻不出几个明白的人，可叹可叹！”）。



宋恕的感慨也跟英国人密尔的著名问题惊人一致：“这片土地上还有人吗？”这也是宋恕看重历史的原因，历史学家罗志田承认，“宋恕对史学的重视远超过当时其他人”。宋恕给后世人的经验是，学子应用六分之一时间读经、子、集书，而用六分之五时间读史书。他的女儿宋昭十一岁时才开始识字，每天识四十字，且解释字义，用《十三经集字》一书，半年后她就能读小说《三国演义》。她读《左传》后就能写几百字的东西，又读《国语》《史记菁华录》《御批通鉴辑览》，以至于宋恕的女儿一时在士人中享有盛名，杭州求是书院总理陆太史对宋恕说：“令爱才名久满此间。”1903年，宋恕在上海，认为上海的才女都不及宋昭，说：“合上海及留学日本诸女学生，殆无一人可望瑶之肩背。”

一代大师，救国不成，教女倒有大成，也是很有意思的事了。

# 弘　一：性命呈万有

歌德说过，所有成熟的东西都想死。视死如归如寄、老成谋身谋国，等等，似乎也是我们中国人向往的人生状态。但真正在精神心智上成熟起来的人少而又少。民国以来不断有四公子、京城四少之说，那些人物因为家世、际遇而较早地展露其才华，但他们多终于公子状态、止于少年才气，他们逞才使气，很少“想死”。

少年李叔同就是这样一个公子哥儿。他的父亲曾经在吏部做官，后在天津改营盐业，家境富有。小李叔同天生聪慧，七岁攻读《文选》，即能“朗朗成诵”，八岁从其乳母背诵《名贤集》格言：“高头白马万两金，不是亲来强求亲。一朝马死黄金尽，亲者如同陌路人。”不但能背诵如流，而且能通晓其义。他攻读过四书、《孝经》《毛诗》《左传》《尔雅》《文选》等等，对书法、金石尤为爱好。十三四岁时，篆字已经写得很好，十六七岁时曾从天津名士学填词、书法。他还曾进过天津县学，受过八股文（当时称为时文）的严格训练。

这个小康之家的“宁馨儿”，当他的身心达到一定的阶段，他已经积蓄着足够读书人“玩票”的经史子集、金石书画、诗词歌赋、吹拉弹唱的博杂知识；他的聪明才情在十八九岁时，就已经发展到巅峰了。他的头脑不用则已，用则上乘；每一个动作，都有分寸，有风格出处。他的字摹过前人百家书法，但没有前人的痕迹，形成他自己的一格：一种柔软的，藏神无骨的点与线的结合，像蠕动的蚕一样。还有诗词、金石，只要他心智上历练过的，那必定是他的！

年轻的李叔同跟民国四公子们的生活还没有什么两样。他在天津求学，到上海参加“城南文社”，考入南洋公学等等事件，跟当时人没有什么区别。这是他比较系统接受儒学经典，吸纳“新学”，全方位开发智慧的时期，是年轻气盛的时期。用丰子恺的话说，就是他充分享受物质生活的时期。

但跟公子哥儿们不同的是，李叔同不仅得了中国文化的形，还得了中国文化的精神。即一个真正健康的中国人，即使生活在小康状态，他也必须有社会关怀，这种关怀是以忧伤为底色的，忧时伤世；李叔同在优哉游哉之际写下了大量忧国忧民，充满入世精神，甚至带有愤世嫉俗激进色彩的诗文。康梁变法失败后，李叔同到上海刻印明志："南海康梁是吾师！"孙中山辛亥革命成功的时候，他谱一曲慷慨激昂的《满江红》，以志庆喜："皎皎昆仑山顶月，有人长啸。看囊底宝刀如雪，恩仇多少！双手裂开鼷鼠胆，寸金铸出民权脑。算此生不负是男儿，头颅好。荆轲墓，咸阳道。聂政死，尸骸暴。尽大江东去，余情还绕。魂魄化成精卫鸟，血花溅作红心草。看从今一担好山河，英雄造。"

年轻而博杂的心性使他难以切近地参与社会，这种痛苦是难言的，李叔同的一首词如此说："雏凤声清清几许，销尽填胸荡气，笑我亦布衣而已。奔走天涯无一事，问何如声色将情寄？休怒骂，且游戏！"这种博爱的心性可谓少年老成，但无能用世，也不可能落于当世。如同蜻蜓点水或作壁上观者，他在又不在这个世界。"将军已老圆圆死，都在书生倦眼中。"二十岁出头时，李叔同已经用过很多名字了，二十一岁时，他有了第一个孩子，取名号瘦桐的李叔同填了一曲《老少年》："梧桐树，西风黄叶飘，夕日疏林杪；花事匆匆，零落凭谁吊。朱颜镜里凋，白发愁边绕……"一个活灵活现的老夫子，一个二十一岁的老夫子！"长江后浪推前浪，我的孩子都出世了，我还有什么可为的？老了！老了！"他被一种痛苦煎熬着。"我二十岁出头时，已经老了！现在，光阴正与人类赛跑！"

这个天才的少年老成得绝非避世，用他自己的话说："披发佯狂走，莽中原，暮鸦啼彻，几枝衰柳。破碎河山谁收拾，零落西风依旧，便惹得离人消瘦。行矣临流重太息，说相思，刻骨双红豆。愁黯黯，浓于酒。漾情不断淞波溜，恨年来絮飘萍泊，庶难回首。二十文章惊海内，毕竟空谈何有。听匣底苍龙狂吼。长夜凄风眠不得，度群生那惜心肝剖？是祖国，忍孤负！”他在寻找一种自己的淑世形式，在寻找的过程中，他已经在各种层面留下了自己的痕迹，用他的弟子丰子恺的话说：“文艺的园地，差不多被他走遍了。”他的作品同时又是动人心的，跟一般的公子遗少不同，他有着接通人性的精神，用王国维说李后主的话，他有宇宙人生之悲及其承担。

1905年，李叔同的生母在上海病逝。他是庶子，母亲年轻守寡，这种形势也许加速了李叔同精神的早熟。他先后改名李哀、李岸，二十五岁的李叔同在国内无所事事，于是东渡日本留学。首先在学校补习日文，同时独立编辑《音乐小杂志》，在日本印刷后，寄回国内发行，促进祖国新音乐的发展。又编有《国学唱歌集》一册，在国内发行，这些在中国新音乐史上都起到了启蒙的作用。在日本，他跟汉诗界的名人们来往，很得赏识。除在东京美术学校学习油画外，他还在音乐学校学习钢琴和作曲理论；同时又师从日本戏剧家研究新剧的演技，与同学曾延年等组织了第一个话剧团体“春柳社”。1907年春节期间，为了赈济淮北的水灾，春柳社首次在赈灾游艺会公演法国小仲马的名剧《巴黎茶花女遗事》，李叔同（艺名息霜）饰演茶花女，引起许多人的兴趣，这是中国人演话剧最初的一次。欧阳予倩受了这次公演的刺激，也托人介绍加入了春柳社。

1910年毕业回国，应老友天津高等工业学堂校长周啸麟之聘，在该校担任图案教员。1913年春，上海《太平洋报》创刊，李叔同被聘为编辑，主编副刊画报，苏曼殊的《断鸿零雁记》就是在他主编的《太平洋画报》发表的。《太平洋报》停办后，应老友经亨颐之聘，李叔同到杭州浙江第一师范学校担任图画和音乐教员，改名李息，号息翁。1915年，应南京高等师范校长江谦之聘，兼任该校图画音乐教员。

这是他人生中极辉煌的时期，也是他艺术创造的巅峰时期。他的许多艺术作品，无论诗歌、音乐、美术、书法还是金石等大都创作于此时。他在浙江第一师范初任教时写过《近世欧洲文学之概观》《西洋乐器种类概况》《石膏模型用法》，介绍西洋文学艺术各方面的知识。他教的图画，采用过石膏像和人体写生，在国内艺术教育上是一个创举。音乐方面，他利用西洋名曲作了许多名歌，同时又自己作歌、作曲，对学生灌输了新音乐的思想。后来成名的丰子恺的漫画、刘质平的音乐，就是他一手培养起来的。在日本留学时，他接受了西方写实主义绘画教育。在审美思维和人生追求上他渐趋务实，一扫过去以“修身、齐家”为目标的“以学致仕”的儒学体系，逐渐确立了“以美淑世”“经世致用”的教育救国的理想取向。

李叔同在杭州期间，跟夏丏尊、马一浮、林同庄、周佚生等人来往较密切。马一浮早已研究佛学，是一位有名的居士，对他的影响特别大。夏丏尊则直接影响了他的生活。有一次，夏丏尊看到一本日文杂志上有篇关于断食的文章，说断食是身心“更新”的修养方法，自古宗教上的伟人如释迦、耶稣，都曾断过食。说断食能生出伟大的精神力量，并且列举实行的方法。李叔同听后决心实践一下，便利用1916年寒假，到西湖虎跑定慧寺去实行。经过十七天的断食体验，感觉良好。过了新年，他就时常到虎跑定慧寺习静听法。这年旧历正月初八日，马一浮的朋友彭逊之忽然发心在虎跑定慧寺出家，恰好李叔同也在那里，他目击当时的一切，大受感动，也就皈依三宝，拜了悟老和尚为皈依师。

1918年旧历七月十三日，李叔同结束了学校的教务，决心至虎跑定慧寺皈依师从了悟老和尚披剃出家，正式名为演音，号弘一。出家后，他的别署名字仍多，常见的有一音、弘裔、昙昉、论月、月臂、僧胤、慧幢、亡言、善梦等，晚年自号晚晴老人、二一老人等。他出家以前，将生平所作油画赠予北京美专学校，书画临摹法书赠予夏丏尊，衣服书籍等赠予丰子恺、刘质平等，玩好小品赠给了陈师曾，当时陈还为他这次割爱画了一张画。

有人以为李叔同成为弘一法师是为了避世，或是为了过闲云野鹤的生活，这是误解了一种成熟的灵魂。丰子恺说：“我以为人的生活，可以分作三层：一是物质生活，二是精神生活，三是灵魂生活。物质生活就是衣食，精神生活就是学术文艺，灵魂生活就是宗教。‘人生’就是这样的一个三层楼。弘一法师是一层一层走上去的。弘一法师的‘人生欲’非常强！他的做人一定要做得彻底。他早年对母尽孝，对妻子尽爱，安住在第一层楼中。中年专心研究学术，发挥多方面的天才，便是迁居二层楼了。强大的'人生欲'不能使他满足于二层楼，于是爬上三层楼去，做和尚，修净土，研戒律，这是当然的事，毫不足怪的。"

弘一法师一生做人认真而严肃。学一样就是一样，做什么就是什么。古人说："出家乃大丈夫事，非将相之所能为。"他既出家做了和尚，就要像个和尚。他出家后，身体力行，严守戒律，过着苦行僧的生活。他云游四方，外出必随身携带佛教经典，特别是律学典籍。但常用行李却非常简单，平常总是赤脚穿草鞋走路。一领衲衣，穿了二十余年，青灰相间，褴褛不堪，尚不肯更换。一顶蚊帐，破得到处是洞，有的用布补，有的用纸糊。一张破席，破碎得几乎不能用了。一个木质面盆，丹漆已剥落，一条洗脸毛巾，也已破旧不堪。他出家二十余年，所穿僧服，仅有寥寥数套而已。他坚持佛教戒律中"过午不食"的原则，每天只吃早、午二餐。有人请他吃饭，必在午睡前进行，平时素食，如有香菇，必却之不食，用豆腐，亦不吃。唯食清煮白菜，而且用盐不用油，长年累月如此。

法师曾沉痛地说过："我们生此末法时代，沙弥戒与比丘戒皆是不能得的，原因很多很多！今且单拿一种比方来说，就是没有能受沙弥戒、比丘戒的人，若受沙弥戒，须二比丘受；比丘戒至少要五比丘受；倘若找不到比丘的话，不单比丘戒受不成，沙弥戒也受不成。我有一句很伤心的话要对诸位讲：

‘从南宋迄今六七百年来，或可说僧种断绝了！’”为此，法师严格守戒。在佛教许多宗派中，律宗是最重修持的一宗，所谓三千威仪，八万细行，法师不但深入研究，而且实践躬行。马一浮在其圆寂后曾挽诗一首：“苦行头陀重，遗风艺苑思。自知心是佛，常以戒为师。”

修行中的法师仍经受着生、老、病、死之苦，尤其是病苦。世人总是以为信仰、修行等大愿会解脱身体的诸种烦恼，其实误解了人生或人性的本质。如果说约伯旷野里的呼告源于上帝的考验，那么人类身体的病痛更是人生的常态，是自然的一部分。弘一法师是苦行的，他做和尚远不及前半生悠游，他的全部时间都用来念佛、诵经、说法、写佛。抗战时期，他最重要的口号是“念佛不忘救国，救国必须念佛”。

但法师的病痛时来侵袭，他的肺病始终没有治愈。在惠安乡间宏法时，他患了“风湿性溃疡”，手足肿烂，发高烧。当广洽法师到草庵去探视他时，弘一仍整天地焚香、写字，换佛前净水，洗自己的内衣。……广洽法师问：“您的病，好些吗？”弘一的回答是：“你问我这些，是没有用的。你该问我念佛没有，病中有没有忘了念佛，这是念佛人最重要的一着，其他都是空谈。在病中忘了佛号，在何时何地不会忘却佛号吧？生死之事，蝉翼之隔，南山律师告人病中勿忘念佛，这并非怕死，死，芥末事耳。可是，了生死，却是大事……”

弘一法师以为自己将死，强忍奇痛，写了一段临终的话给传贯法师："我命终前，请你在布帐外，助念佛号，但也不必常常念。命终后，不要翻动身体，把门锁上八小时。八小时后，万不可擦身、洗面。当时以随身所穿的衣服，外裹夹被，卷好，送到寺后山谷。三天后，有野兽来吃便好，否则，就地焚化。化后，再通知师友，但千万不可提早通知。我命终前后，诸事很简单，必须依言执行……"

所有成熟的东西都想解脱。但弘一的解脱还早，这次强烈的溃疡延到一个半月之后，高烧退了，两臂肌肉大部脱落，腐烂的白骨，赫然出现，奇臭，目不忍睹。1936年的春天来临，斑烂的骨上，又生了些肉芽。他仍然正定、正信、正精进。为了责备自己，他在佛教刊物上声明，取消"法师、律师、大师"的称号。他给青年僧侣们说法："惜福、习劳、持戒、自尊"。他脚上穿的一双黄鞋，是民国九年在杭州打佛七时，一位出家人送给他的。一双鞋子的寿命，在他脚上度过十六年。他床上的棉被面子，是出家前杭州教书时的东西，那就有二十年了。他用的伞，则是二十五年前买自天津。他的草鞋、罗汉衣、小衫裤，缀缀补补，都伴他六七年了。因此，他穿的、用的，多是十年以上的旧东西，平时靠修补缝衲，延续寿命。至于别人送他好的东西、礼物，在非收不可的情况下，他收下来再转送别人。

1942年10月31日，给弘一法师护法一生的夏丏尊收到他的信："丏尊居士：朽人已于九月初四迁化（迁化便是圆寂），现在附上偈言一首，附录于后：君子之交，其淡如水；执象而求，咫尺千里。问余何适，廓而忘言；华枝春满，天心月圆。”弘一大师圆寂后七天，依照大师遗言，遗体以旧短裤遮覆，在泉州承天寺化身窑荼毗。执行遗嘱的妙莲法师与温陵养老院的叶青眼居士，都有相同的记述，写下火化时的情景：9月11日下午七时，参加举火大众，开始讽诵《普贤行愿品》，后起《赞佛偈》念佛。到八时举火，火化约一小时，众人恭候围绕。此时悠然异彩如虹，从窑门中喷射而出，火焰猛烈而逼人。大众被震惊，厉声念佛。待异彩倾射完了，大师色身便快捷地化尽。以后，由妙莲法师在骨灰中陆续捡出七彩舍利子：银色的、白色的、乳白色的、黄色的、浅红的、淡绿的……

为法师作传的陈慧剑说：“弘一大师，累成我心灵上的接天高峰，是由于下列三点：一、他性格的坚强、突出，但没有凡俗之见。二、他淡泊名利，但不愤世嫉俗，心怀坦荡。三、他不顾生命，出家前献身于教育，出家后献身于佛道，胸中从无一个‘我’字。在我三十多年的生命过程中，从未见过这样充满性灵光辉的人。弘一大师的住世，毋宁是人类神性的反射！”赵朴初则说他：“深悲早现茶花女，胜愿终成苦行僧。无数奇珍供世眼，一轮明月照天心。”

作为“二十文章惊海内”的天才，前半生做李叔同，他集诗、词、书画、篆刻、音乐、戏剧、金石等于一身。在多个领域，开文艺先河。他是首创裸体写生的教师，是中国话剧的鼻祖，是传播西方音乐的先驱者，创作的《送别歌》历经几十年传唱经久不衰："长亭外，古道边，芳草碧连天。晚风拂柳笛声残，夕阳山外山。天之涯，地之角，知交半零落。一壶浊酒尽馀欢，今宵别梦寒。"后半生做弘一，他的意志坚定如一，为正法久驻世间发愿："南山律学，已八百年湮没无传，何幸遗编犹存东土；晋水僧园，有十余众承习不绝，能令正法再住世间。"他把万有集于近道，弥留之际，写下了"悲欣交集"四字，有人说，这一句话有着说不尽的"香光庄严"。

# 熊十力：天不丧斯文

汉语和汉语人有一种致命的倾向，就是让所谈论的对象失真失重。说得好听一些，我们都有将人物进行拔高、神化、传奇化的意愿和能力；说得不好听一些，就是对人物进行妖魔化、歪曲、栽陷。我们很少从生活或历史的现场去理解人物对象，很少意识到我们自己活在他们中间。这可以反证周作人的感叹，他感叹说像耶稣、孔子、释迦牟尼这样的人，像是在他们的民族里不曾有过，像是他们从不曾在我们中间生活过。对熊十力的态度，似乎也是如此。人们给予熊先生的评价，特立独行、牛人、真人、不近人情的怪人、现代中国最具原创力的哲人、跟外王们能心照而通道术的内圣，等等，虽然不中亦不远，但都有意无意拉开了我们众人跟熊先生的距离。照人们的意思，我们中间不可能出现那种牛人了，不可能出现那种真人，不可能出现那种原创力了，这其实是不理解我们跟熊先生没有什么两样。

熊先生的行迹今天已经为越来越多的人知道。他别名继智、升恒、定中，号子真、漆园、逸翁。出生于湖北黄冈的一个贫苦农家，幼时为人牧牛。父母相继病亡后，他读了半年乡塾而游学乡间。后受到维新派影响，读孟子、王船山、顾亭林书，萌发革命之志，欲物色四方豪杰，共图天下事。为“运动军队”，熊投武昌新军第三十一标当兵。为宣传革命，1905年，熊考入军校，即湖北新军特别小学堂。次年春，熊加入日知会，并发起组织“黄冈军学界讲习社”，主持该社的革命活动。由于熊氏在军学界图谋举事，奔走甚力，众所周知，军队首领张彪不得不管，下令通缉，熊不得不逃走。有人说他是因为性急用力过猛，“如果忍隐几日，肯定是武昌首义的功臣”。

武昌起义后，熊氏曾任湖北都督府参谋。民国元年，参与编辑《日知会志》。二次革命失败后，他曾去江西耕读、教书。他的革命活动在蒋介石篡夺革命果实之际画上休止符，他不像革命的跟班、信徒、党员，后者往往自称革命家，但熊先生倒是跟孙中山等人一样是天然的革命家，是不需任何修饰、不需自我标榜的革命家，熊的起点虽低，没受过什么教育，却是局面恢宏、心胸开阔、百折不挠。蒋介石取得国民党军政大权后，熊先生人到中年，时移世易，他作为革命的参与者，内心的痛苦和绝望是一般党员难以理解的：他大骂蒋介石，并把有蒋介石的报纸撕下来，塞到裤裆里。他的天才或智的直觉明了，当是时也，他已经无回天之力；但他有足够的力量打出另一片天地。目睹世风日下，“党人竞权争利，革命终无善果”，军阀官僚贪鄙、淫侈、残忍、猜妒、诈骗、卑屈、苟且、伪善，党祸至烈，士习偷靡，民生凋敝，人道灭绝，他发现“党人绝无在身心上做功夫者”，“由这样一群无心肝的人革命，到底革到什么地方去呢？”他“以为祸乱起于众昏无知，欲专力于学术，导人群以正见”，跟鲁迅一样，熊深感“革政不如革心”。

这一大转折正是中年改行学艺，熊自谓：“决志学术一途，时年已三十五矣，此为余一生之大转变，直是再生时期。”他说，“余伤清季革命失败，自度非事功才，誓研究中国哲学思想，欲明了过去群经，认清中国何由停滞不进。故余研古学，用心深细，不敢苟且。少提时读六经，詈孔子为宗法思想、封建思想。便舍之弗顾。后来专心佛学多年，又不敢苟同，而自有所悟，回忆大易一经，早已开我先路，于是又回到孔子六经。”

这样的革命家搞起学问来，一般学者儒生自然难以望其项背。命运注定他当不了政治革命家，但却给他的学术思想革命留下了余地。这是他的幸运，却是文明演进中的悲剧。他没有像胡适那样的思想革命家一样，为当时的政治革命作补注；他是近似鲁迅那样的思想革命家，为个体的权利和心灵张目，在全民或个体没有立起来之前，他不给个体进行任何规范、标准、所谓建设性的口含天宪。不能因为一个政权建立起来了，思想革命家就只能变身变声，充当过河卒子、埋头于改良、整理国故、宣传好人主义。在熊十力那样的人眼里，我国革命既是数千年未有之奇变，个人就没有任何需要膜拜的规矩、礼仪、禁区。

所以这个革命家改号十力。十力本是佛家术语，专指佛祖如来的十种智力，熊先生取来加诸自身。他到南京的支那内学院学佛，问佛法于当时著名大师欧阳竟无先生，一年后就写《新唯识论》，挑玄奘大师的毛病，此书一出，即刻遭到佛学界人士尤其是内学院师友之群起攻击。欧阳大师阅后痛言："灭弃圣言，唯子真为尤"，措辞严厉。欧阳弟子刘衡如更著《破新唯识论》对熊氏其书进行系统驳斥，指责他"于唯识学几乎全无知晓"，并指斥其书乃"杂取中土儒道两家之义，又旁采印度外道之谈，悬揣佛法，臆当亦尔"。熊十力再著《破〈破新唯识论〉》一书应战，对刘氏之斥逐一破解。他为自己辩护说，《新》著"义既远离唯识，旨亦上符般若"，认为自己非但没有离经叛道，反而是对佛学的维护和发展。与欧阳等人相反的是，蔡元培、马一浮等人却对此书推崇备至，评价甚高。蔡元培称熊氏乃两千年来以哲学家之立场阐扬佛学最精深之第一人。马一浮先生更在序言中将熊十力与王弼、龙树并提，称其学识创见乃超越于道生、玄奘、窥基等古代佛学大师之上，可谓推崇至极！后来，《新唯识论》出版的时候，署名竟是"黄冈熊十力造"，跟佛经的署名，某某菩萨造一样。据说，有时，熊干脆自称熊十力菩萨，一任佛教徒外加研习佛学的学者们怒目而视。

熊十力的生命健旺及其自觉意识是我们可以理解的，常人只是没有他那样一以贯之的精气神，没有他那孤注到底的劲头而已。三十年代他在北平居住时，曾自题堂联：“道之将废矣，文不在兹乎？”他像真正的大革命家如孔子们那样，有着天不丧斯文的信念，而自觉是神州文化托命之人。他认为孔子之《周易》是呼号革命的著作，“《易经》是思想革命之宝典”。他说：孔子“至于五十，则圣人内圣外王一贯之大道已造乎其极。得之于仰观俯察，远取诸物，近取诸身之实悟。得之于周流列国，目击上层残毒，下民困苦于水深火热之实感。于是不得不呼号革命。于是不得不作六经。”在熊十力的笔下，孔子不再是梦里思念周公的保守主义者，而成了典型的革命家，《周易》不仅是最古老的哲学典籍，而且还是最古老的革命宝典。这种既保守又革命的现象，只有从历史的长时段、文明的真精神或人性的纯粹方面才可以理解。

因此，在熊十力那里，没有疆界的言行其实是他拓展人性自由的关键，是他人情旅行的表现。而这种“没规矩”的言行在儒生或自以为“新”的人类眼里，都显得怪诞、书呆子、不懂人情世故；好听一点儿的，也就是天性旷达，不喜雕饰。人们难以理解的是，他是在以自己和周围之间的交往而建设一种活泼的而非僵化的人情，他要激活人情而非世故地禁锢人情。初入北大，他即把通行的课堂教学，改为旧式师生交流。每讲到精彩处，他常意兴陡发，情不自禁地随手在听者头上或肩上重重一拍，然后哈哈大笑。因为拍得太重，久之，学生听熊先生讲课，都要找个远离他的座位。在北大时，熊十力常与废名探讨佛经，每每意见不合，争得面红耳赤，声音越辩越高。一日，两人身着单衣，正辩到紧张时刻，忽然陷入寂静，全无声响。众人忙去探看，发现二人扭打在一起，互相卡住脖子，难发一言。熊十力因学问与梁漱溟发生争论，争论结束时，熊十力不甚解气，趁梁漱溟转身，跑上去打他三拳头，口骂“笨蛋”方休。一次，王元化来访，他恰在沐浴，于是招呼王进门，自己赤身坐澡盆之中，与王谈话，一派魏晋风度。而他的信札、著作，常写在已用过的纸背面，字迹潦草不堪。



熊十力的故事太多了。一般人的故事少，不是因为他们正常，而是因为他们在不正常的社会里无能自由地表达，因为他们虽懂人情世故却不能仁守人情世理，熊先生却智及而仁守了。所以他的故事多。他爱吃肉，吃素的梁漱溟先生无可奈何地说：“熊先生一顿能吃一只鸡！”朋友弟子来看他，一般要给他买鸡买肉才好。徐复观做蒋介石侍从室官员，给他一百万元支票，被他大吼大叫地骂走；郭沫若看望他时，给他带一只老母鸡，一起痛骂蒋介石，让他快活异常。牟宗三首次见到他的恩师是1932年冬，熊十力“胡须飘飘，面带病容，头戴瓜皮帽，好像一位走方郎中，在寒风萧瑟中，刚解完小手走进来”。言谈中，他忽一拍桌子，大喊：“当今之世，讲晚周诸子，只有我熊某能讲，其余都是混扯。”

他说得对，因为他是以生命灌注诸子，而其他人虽然“学问正确”或“政治正确”，却把诸子当作对象，一种学术项目或学术课题的研究对象。对如此研究如此读书者，他是相当不客气的。1943年，徐复观初次拜见熊十力，请教应读何书。熊教他读王夫之的《读通鉴论》。徐说那书早年已经读过了。熊十力不高兴地说，你并没有读懂，应该再读。不久后，徐再见熊十力，说已经读完。熊问有什么心得，徐便接二连三地说出许多不太满意处。熊十力未听完便斥骂道：“你这个东西，怎么会读得进书！任何书的内容，都是有好的地方，也有坏的地方。你为什么不先看出它的好的地方，却专门去挑坏的；这样读书，就是读了百部千部，你会受到书的什么益处？读书是要先看出它的好处，再批评它的坏处，这才像吃东西一样，经过消化而摄取了营养。比如《读通鉴论》，某一段该是多么有意义；又如某一段，理解是如何深刻；你记得吗？你懂得吗？你这样读书，真太没有出息！”经此一骂，徐复观立起来了。

因此之故，那些学问正确的知书识礼者面对政治几乎只有顺势思维时，熊十力不然。新中国成立初期，统战工作者问道于熊，熊说：“存在的问题就是学习苏联，事苏联如祖，事斯大林如父，而对中华民族几千年的优秀传统文化避而不提，真是数典忘祖！”他坚持不肯“改造”自己，数次给毛泽东写信，要求建立哲学研究所，允许旧学传播。他懂得毛泽东，近乎不识时务地要求毛泽东，毛泽东却不会理睬他的要求。据说毛泽东也懂得他，懂得他的能量，不仅因为林伯渠、董必武、陈毅、郭沫若这些政学大员知道他，而且是因为每一个君师合一的霸王之才都明白，他的子民逸民中，会有个别人的生命能量大出了个体的范畴，这种能量可以暂时被压制，却一直存在，哪怕如花果飘零，终有一天仍会充沛而出。

熊十力在毛泽东巨人身影里并没有受多少冲击，但即使如此，熊十力仍痛惜文化和人性的沦亡。“文革”开始，熊十力不挂领袖像，只设孔子、王阳明、王船山座位，朝夕膜拜。但此时，他目光不再炯炯有神，谈吐不再潇洒自如，情绪也不再热情激昂，而是“常独坐桌边，面前放一沓白纸，手中握支秃笔，良久呆坐”。一段时间里，他的精神都错乱了。他不断地给中央领导人写信，硬让家人寄出去，还经常写很多小纸条，甚至在裤子上、袜子上都写着对“文革”的抗议。他常常穿着一件褪了色的灰布长衫，扣子全无，腰间胡乱地扎一根麻绳，独自一人到街上去或公园里，跌跌撞撞，双泪长流，口中念念有词：“中国文化亡了！”“中国文化亡了！”他给朋友写道：“衰年心事如雪窖，姜斋千载是同参。”

熊十力完全明白这种局面的产生根源，其中之一是逐臭之夫们的大量存在：“中国学人有一个不良的习惯，对于学术，根本没有抉择一己所愿学的东西。因之，于其所学，无有甘受世间冷落寂寞而沛然自足，不顾天不顾地而埋头苦干的精神于中的生趣。如此，而欲其学术有所创辟，此比孟子所谓缘木求鱼及挟泰山以超北海之类，殆尤难之又难。吾国学人，总好追逐风气，一时之所尚，则群起而趋其途，如海上逐臭之夫，莫名所以。曾无一刹那，风气或变，而逐臭者复如故。此等逐臭之习，有两大病。一、各人无牢固与永久不改之业，遇事无从深入，徒养成浮动性。二、大家共趋于世所矜尚之一途，则其余千途万途，一切废弃，无人过问。此二大病，都是中国学人死症……逐臭者，趋时尚，苟图媚世，何堪恬淡。随众势流转，侥幸时名，何堪寂寞。逐臭之心，飘如飞蓬，何能专一。自无抉择之习，唯与俗推移。无所自持，何能恒久。故一国之学子，逐臭习深者，其国无学，其民族衰亡征象已著也。而中国人喜逐臭，而不肯竭其才以实事求是，喜逐臭，而不肯竭其才以分途并进，喜逐臭，而不肯竭其才以人弃我取，此甚可忧。”“惊于其声誉、震于其权威、炫于社会上千百无知之徒之展转传说，遂从而醉心焉，此愚贱汙鄙之尤。少年志学，宁当尔哉。天下唯浮慕之人，最无力量，决不肯求真知。吾不愿汝为此也。汝好名好胜，贪高骛远，不务按步就班功夫。一日不再晨，一生不再少，行将以浮慕而毕其浮生，可哀也哉。”有人说，这种逐臭之夫们制造的喧闹，有时就像“一场嘈杂的鸡尾酒会”：会中人各持酒杯、自成圈子，你肯不肯向隅而坐？

在这样无限寂寥的暮年，熊十力感叹：人生七十，孑然一老，小楼面壁，忽逢十祀，绝无问学之青年，后顾茫茫……即使如此，这位现代中国新儒家最富原创性的奠基人，仍然寄托宏愿于未来：“有依人者，始有宰制此依者；有奴于人者，始有鞭笞此奴者。至治恶可得乎？吾国人今日所急需要者，思想独立，学术独立，精神独立，一切依自不依他，高视阔步，而游乎广天博地之间，空诸倚傍，自诚自明。以此自树，将为世界文化开发新生命，岂惟自救而已哉？”

这种信仰情怀释放出了伟大的生命能量。在他无限寂寥的时刻，他的弟子牟宗三在海外思考他“为人不易，为学实难”的话，祝愿喃喃：“夫子得无恙乎？”这位现代哲学史上最具有原创力、影响力的哲学家已经足堪告慰。他已经奠定了现代新儒学思潮的哲学形而上学之基础，其大厦足堪抵御现代外王们灌输引进的一切意识形态。他的“体用不二”之论，成为整个当代新儒学思潮“重立大本、重开大用”和“保内圣，开新外王”的滥觞，亦成为这一思潮的基本思想间架。他的全部工作，就是面对西学的冲击，重建人的道德自我，重建中国文化的主体性。他的学生唐君毅、牟宗三、徐复观正是在他的精神感召之下，沿着他开创的精神方向发展。今天的海峡两岸都有了文化身份感和自觉意识，无不与熊十力等人的努力相关。

谈论熊十力的一生，最令人惊讶的，莫过于他从并不坚实的幼教出发，中年才志于学，在霸力治世的20世纪，自成天地，在政界学界纵横意气。他的行迹不同于陈寅恪那样的“自由民”学者，也不同于甘地那样的圣雄，他更像一字不识的六祖慧能，又像乱世之际的孔子，自成教化，从风从雨，以宏大道。但话语传达出来的神奇，并不能掩盖熊十力在生活中的平凡，当时的他也只是一个寻常的中国人，他不过把普通中国人内心都能感受到的人性“仁守”了一生，并培养了极为优秀的弟子弘扬这种道德自我、个体本位和文化自觉。任何一个人都可以做到这一点，大字不识的慧能做到了，幼学功夫不好的熊十力也做到了。

# 陈寅恪：大成至学

我们今天可能仍难以介绍陈寅恪。这位不世出的中国人物，当时、后来以及今天都感动了无数人，只是人们至今很少准确地理解他。人们多随喜般地称赞他的学问，他的个性；甚至人们也多少了解陈先生在艰难环境中对学问、精神自由的坚守，但人们很少总结出这个中国人给我们带来的荣誉、精神成果以及他对现代大学教育和人生教育等的启示和个人革新……

谈起陈寅恪，总让人想到一句诗："千古文章未尽才，一生襟抱未曾开。"是的，按亲友俞大维的说法，陈寅恪平生的志愿是写成一部《中国通史》，及《中国历史的教训》，在史中求史识。但因为他晚年环境的遭遇，他的双目失明，使得他的大作未能完成，有人说，这不但是他个人的悲剧，也是我们这个时代的悲剧。的确，在当时，大学者吴宓就说过，陈寅恪是“全中国最博学之人”。日本人白鸟库吉也说陈寅恪是“中国最博学的人”。虽然如此，陈寅恪并没有俗世的声名，不像梁启超、胡适、冯友兰等成为几乎是家喻户晓的人物。

谈论陈寅恪的学问和传奇是难以说尽的。他治学面广，在宗教、历史、语言、人类学、校勘学等领域均有独到的研究和著述。他说：“前人讲过的，我不讲；近人讲过的，我不讲；外国人讲过的，我不讲；我自已过去讲过的，也不讲。现在只讲未曾有人讲过的。”梁启超很尊重他，虚心地向人介绍：“陈先生的学问胜过我。”梁甚至说，“我梁启超虽然是著作等身，但是我的著作加到一起，也没有陈先生三百字有价值。”陈寅恪的课上学生云集，甚至许多名教授，如朱自清、冯友兰、吴宓、汉学家钢和泰等都风雨无阻地听他的课。一向“大胆怀疑”的胡适谈起陈寅恪则用了“当然”两个字，他说：“寅恪治史学，当然是今日最渊博、最有识见、最能用材料的人。”目高于顶的学者傅斯年则说：“陈先生的学问近三百年来一人而已。”新中国成立后，有着诗人气质的学者郭沫若则号召北大学生在“资料占有上也要超过陈寅恪”……

就是这样一个人，却并未实现他的治学梦想。但这不妨碍他得到人们的尊重，不妨碍他的敌人、即使在意识形态领域的敌人的重视，不妨碍他的讲课由学生笔记下来仍成为史学经典。万绳楠教授就把当年的笔记《陈寅恪魏晋南北朝史讲演录》整理出版，感叹他的治学方法的科学性和创造性。他的一生在当时以至于到今天都是传奇，今人易中天在《劝君免谈陈寅恪》的文章中就仍曾着眼于他的传奇："他学问大得吓人，据说外语就懂十几门（也有说二三十种的）。名气也大得吓人，据说毛泽东访苏时，斯大林还专门问起、英国女王也曾来电问其健康。"易中天还历数国共两党的高层人员跟陈寅恪的交往：胡适、傅斯年、郭沫若、胡乔木、周扬、冯乃超、杜国庠……

因此，谈论陈寅恪需要很多参照。只有这些参照足够多，也就是说，谈论陈寅恪的视野进入到文明的核心或文化的高峰处，我们才能理解，为什么一个纯粹的学人能够在东西方的上层社会都得到重视？如果说，人们封孔子是大成至圣，那么无数人谈论陈寅恪的结论就是一个大成至学。如果说，章太炎生前感叹，他死后，华夏文化亡矣；那么，在陈寅恪那里，不仅复兴了华夏文化，而且打通了中西文化。可以说，陈寅恪是殖民地半殖民地的文化自信和文化重建的人格象征。

这样一个人，当然不仅只是书斋里的腐儒或遗老遗少，即使称其遗老者，也会承认陈寅恪用世极深。1940年，为中央研究会选举，陈寅恪专程前往重庆，对他来说，"来渝只为胡先生"，为了给胡适投下一票。在选举期间，蒋介石宴请了陈寅恪等人，陈为此赋诗："食蛤那知天下事，看花愁近最高楼。"表达了他对蒋的失望。1953年，中共中央历史研究委员会决定在中国科学院设立三个历史研究所（上古、中古、近代），拟请陈寅恪任二所（中古所）所长，他开出的条件居然是“允许中古史研究所不宗奉马列主义，并不学习政治”。而且，“不止我一人要如此，我要全部的人都如此”。这还不算，他还要毛泽东或刘少奇给他开证明，“以作挡箭牌”。可以说，整个20世纪，中国的知识分子都难逃政治阴影的笼罩，但陈寅恪绝非遗老遗少，也非阿谀逢迎的北门学士，他出入自如，坦坦荡荡。他的答卷是比严复、鲁迅、胡适、顾准等人更要高远，郭沫若等人当然难以望其项背。在这个意义上，陈寅恪远远超过了他的中国学界同人，而直接跟20世纪世界知识的前沿或高端——存在主义等现代性的寻找和认同同步。他是真正的存在者，他不在时尚里，他旁观并介入时代，他是一个以自身方式来存在的不在之在的大师。

当然，陈寅恪并未能实现他的用世梦想。有人说，陈先生有王通之才识，但他的才思遇到了革命世纪，难以舒展。……因此，无论多少人谈论陈寅恪，他的人生传奇和学问传奇，仍是以悲情的象征占据了我们的世纪和心中，如果人们不能了解并理解这一悲情，那么谈论陈寅恪极易隔靴搔痒，极易猎奇炫耀，于人于己并无教益。

陈寅恪不惮于暴露并表述自己的悲情，他在谈论王国维时就说过，“凡一种文化值衰落之时，为此文化所化之人，必感苦痛，其表现此文化之程量愈宏，则其所受之苦痛亦愈甚”。他在写《柳如是别传》时说过，“披寻钱柳之篇什于残阙毁禁之馀，往往窥见其阪怀遗恨，有可以令人感泣不能自已者焉，夫三户亡秦之志，九章哀郢之辞，即发自当日之士大夫，犹应珍惜引申，以表彰我民族独立之精神，自由之思想。何况出于婉娈倚门之少女，绸缪鼓瑟之小妇而又为当时迂腐者所深诋、后世轻薄者所厚诬之人哉！”

在文化人都与时俱进之际，陈寅恪坚定于自己的“著书唯剩颂红妆”。1952年，陈寅恪就写诗讽刺追赶时髦的文化同人，还把诗寄给北京大学教授邓之诚：“八股文章试帖诗，尊朱颂圣有成规。白头学究心私喜，眉样当年又入时。”按易中天等人的考证，这里讽刺的就有他的朋友，年事甚高的辅仁大学校长、历史学家陈垣。当朋友们趋新趋时“生吞活剥马列主义，炮制新八股”时，陈寅恪的敏锐和历史眼光是惊人的，1951年，当他听说北京“琉璃厂书肆之业旧书者悉改新书”，他写诗说：“而今举国皆沉醉，何处千秋翰墨林。”可以说，他并未丧失对时代的判断，也未迷失过自己。1964年5月，陈寅恪向自己晚年最知心的弟子蒋天枢托以“后事”，并写下了带有“遗嘱”性质的《赠蒋秉南序》一文。在这篇不足千字的短文里，陈寅恪称自己虽“奔走东西洋数万里”而“终无所成”，现在又“奄奄垂死，将就木矣”，但也有足以骄傲自豪者，那就是：“默念平生固未尝侮食自矜，曲学阿世，似可告慰友朋。”

这个一直活在文化和上层心中的陈寅恪活得并不轻松，陈寅恪自称“寂寞销魂人”。他付出的代价并非一般人所能承受。据说，弥留之际，他一言不发，只是眼角不断地流泪……

说起悲情，陈寅恪属于那些不多的中国人。鲁迅、陈寅恪……甚至刚去世的朱厚泽、吴冠中，都堪称悲情的中国人。在20世纪，鲁迅是最痛苦的中国文人；吴冠中，是最痛苦的中国艺术家；陈寅恪，是最悲情的中国学人……这种痛苦、纠结、悲情之所以能成为象征，在于他们是中国的、现代的、中国人的、中国文化的，他们既不属于精英也不属于民众，既属于上层也属于下层。有人说：“先生如入《儒林传》，古今大儒失色；先生如入《文苑传》，天下文人黯然；先生如入《道学传》，大师让出一头；先生如入《隐逸传》，隐者奔走骇汗。”也许只有如此，他们才真正将一生过成了传奇，才真正取得常人难以想象的人生成就。

因此，只有理解这种悲情，才能理解陈寅恪们对自己人生事业的执着。具体到陈寅恪，我们该清楚，在祖辈、父辈均为当时名臣、名士的情况下，他并没有像一般人，比如今天的富二代贵三代的公子哥们儿那样，去拿到一个学位迅速进入社会，迅速进入成功人士行列。

陈寅恪是一个难得的读书种子。他的记忆力极好，据说“幼年在湖南时，只有八九岁。祖父宝箴会客，随侍在旁静听。客走后，谈过的话，别人都记不得了，陈师照述无遗。”“从小看书，只看一遍，就能背诵，对新旧唐书尤其熟。”以至于中国学者视若畏难的《十三经》，陈寅恪“大半能背诵，且每字必求正解。”

从陈寅恪二十岁起，即1910年自费留学，先后到德国柏林大学、瑞士苏黎世大学、法国巴黎高等政治学校就读。他读书不是为了学位，他的读书类似于古代的游学。第一次世界大战爆发，陈寅恪于1914年回国。四年后，他又得到江西官费的资助，再度出国游学，先在美国哈佛大学学梵文和巴利文。1921年，又转往德国柏林大学攻读东方古文字学，学习中亚古文字，学习蒙古语，在留学期间，他勤奋学习、积蓄各方面的知识而且具备了阅读梵、巴利、波斯、突厥、西夏、英、法、德八种语言的能力，尤以梵文和巴利文为精。

在我们今天读到的陈寅恪的事迹里，最令人感慨的不是他的文章学问，不是他的见识，而是他游学十几年，从未想过拿文凭、学位，他以学习知识为主。陈寅恪说：“考博士并不难，但两三年内被一个具体专题束缚住，就没有时间学其他知识了。”他辗转游学十三年，从德国到瑞士，后又去法国、美国，最后再回到德国。他学物理、数学，也读《资本论》。据统计，十三年里，他总共学习了梵文、印第文、希伯来文等数十种语言。

可以说，陈寅恪懂得读书，珍惜读书，他读书不仅是出于爱好，不仅是为了自己读书，而且是为了中国。所以他读书的状态远比一般人要开阔，他的读书境界甚至日常生活也影响了别人。比如他一到哈佛，就主张大购、多购、全购书籍，以为归国治学作准备，这一想法影响到吴宓，使吴宓不惜血本地购买《剑桥近世史》《莎士比亚全集》等大书。这些个人图书，当然最终回报中国社会。陈寅恪节衣缩食买来的藏书就有一段故事，四十年代末，陈寅恪经济困难，胡适为帮他度过寒冷的冬天，跟他商定，将他所有西文关于佛教和中亚古代语言方面极为珍贵的书籍，如"《圣彼德堡梵德大词典》《巴利文大藏经》、蒙古文《蒙古图志》、突厥文《字典》"等"最好的东方语言学书籍，全数卖与北京大学东方语言学系，以买煤取暖"。据说，这笔钱除买煤外，还贴补了家用。

陈寅恪的游学精神不仅影响到吴宓，也曾让傅斯年等人大开眼界，因为他的学生生活非常艰苦，却对学习丝毫不松懈。傅斯年到欧洲接触了中国留学生后，感慨说，大部分留学生都是不学，但陈寅恪却是难得的读书种子。若干年后，傅斯年更是高度评价："陈先生的学问，近三百年来一人而已！"

可见，游学之际以及游学归来的陈寅恪并非我们今天所说的"民科"学人，只知在细节上显示自己的聪明才智，只知跟主流学界保持距离，只知语不惊人死不休地显示自己的独一无二或横空出世，而是以自己学养、学术训练赢得了学界的信任。曾经有人说，他到晚年总算把东西方的大经、大典都读完了，而陈寅恪却是在游学时代就读完了大经大典。也有人说，在走上社会之前要把该读的书读完，但事实上，除了少数人外，绝大多数人急功近利，书未读完就入世干禄致用或做事，过了一阵才发现自己书没读够、读完。这些人读书最为势利，而且多半一惊一乍。在官场做了一场就把《沉思录》《容斋笔记》一类的书当宝；在商场做了一阵就大肆宣扬佛经、《圣经》《论语》《道德经》，等而下之的则把自己的话当作了语录。

比较起来，陈寅恪的读书游学虽然是最普通不过的人生"必由之路"，至今却仍是我们中国人的高标和典范。陈寅恪可以说是直取无上正法，取得了学术界梦寐以求的学问境界、人生成果。因此，即使他当时没有发表多少论文，但中外学术界都承认他的力量。他上课时，清华的教授们也常来听课。有人称他为"活字典"，郑天挺教授称他是"教授的教授"。

这个当时中国甚至世界上都罕见的学者，却一直过着极艰苦的生活。在亲人的回忆中，他游学时不比其他的官二代富二代留学生，他虽然是世家子弟，却一直省吃俭用，经常营养不良，影响到他的健康。有一次，赵元任、杨步伟夫妇从美国到德国，陈寅恪和表弟俞大维两个穷学生招待他们看歌剧，他们将客人送到戏院门口后就要离去，赵元任夫妇感到奇怪，陈寅恪说："我们两个人只有这点钱，不够再买自己的戏票了。若也陪你们看戏，就得吃好几天干面包。”而吃两个干面包当作一顿饭，对陈寅恪来说，几乎是家常便饭。

陈寅恪的读书游学当时即被人视为怪诞，当作传奇。冯友兰留学美国哥伦比亚大学时，就听到同学中传言，哈佛大学有一“奇人陈寅恪”：“性情孤僻，很少社交，所选功课大都是冷门。”洪业留学时，则看到陈寅恪“怪模怪样”：“大声朗诵中国诗词，旁若无人”……但陈寅恪却是清楚自己读书为何的人，如很多人指出的，陈寅恪有着深重的“中国文化本位意识”，他的读书生活都是为了“中国文化”，因此，他读书既不是为了升官发财，也不是为了进入名利场或文化界一类的“小世界”。就是说，他是中国的读书种子。1924年，赵元任曾希望陈寅恪到美国哈佛大学教书，陈寅恪婉言辞谢：“我不想再到哈佛，我对美国留恋的只是波士顿中国饭馆醉香楼的龙虾。”两年后的1926年，陈寅恪结束了长达十几年的游学生涯，跟几位单身教师住在清华园的工字厅，开始了他效命于中国文化的教学、研究、入世等生活。

以我们今天的眼光来看陈寅恪，无论如何，他都可以不用过那种清苦寡淡的生活。不说他的家庭、人脉资源，就以他自己在游学中建立起的学术资源，他都可以迅速地进入“民国教授”们的精英生活之列，衣食无忧，优哉游哉。就是说，在今天刚毕业的大学生都将生活目标锁定为改变蜗居命运的时代，在当时上海十里洋场或说三十年代中国发展“黄金十年”涌现无数官产学成功人士的社会，陈寅恪始终走的是另外一条路。

陈寅恪的女儿陈流求、陈小彭、陈美延在《也同欢乐也同愁》一书中写道：“父亲在国外，即使是经济窘迫的情况下，仍然潜心攻读，醉心研究学问。在德国时，除听课外，常整日在图书馆阅读，仅带一点最便宜的面包充饥，全天不进正餐，营养不足……故而一直体质欠佳。已过而立之年尚无意顾及自己终身大事。”




回国两年后的陈寅恪终于结婚，三十八岁的他娶了清末台湾巡抚唐景崧的孙女唐筼女士，夫妻二人郎才女貌，在清华园里过起了幸福的日子。这确实是一段幸福温暖的时光，《也同欢乐也同愁》一书中，“抗战前家居生活”是陈寅恪夫妇坎坷、悲怆一生中最温暖的乐章。女儿们回忆说，“父亲去课堂授课，不提皮箧或书包，总用双层布缝制的包袱皮包裹着书本，大多是线装书。……工作归来，通常仍会伏案至深夜。”而这个夜以继日的学者终于有了轻松的时光：“父亲空闲的时候，会选择一些唐诗教我们背诵，流求和小彭现在都能清晰背出好多句子……”

但陈寅恪没有忘记家国天下。台湾古称“流求”，他的家族和唐筼的家族都跟甲午战争以来的国是有着极深的关系，陈寅恪把大女儿取名陈流求，把二女儿取名陈小彭，即是记取被日本侵占的台湾、澎湖……

陈寅恪确实是问道不问贫，不积累，不聚财，不求所谓的社会成功……他的女儿回忆说：“一天家里做好了晚餐，掌灯已久还不见父亲回来，便出去寻找，才发现他在离家不远的小道上，跟吴宓伯父聊得格外投机，忘记了时间，后来这种事情还常有发生。”

1939年，英国牛津大学聘请陈先生为牛津大学汉学教授，这是牛津大学创办以来首次聘请一位中国学者为专职教授，并于此后数年一直虚席以待。他们认为，陈是当时“最优秀的中国学者”。但陈寅恪不为所动，而是留在国内尽一个中国学者的本分。面对这一极具荣誉感的礼聘，陈曾两度辞谢，后考虑到自己眼疾甚重，欲借此机会赴英医治，才答应就聘。不料欧洲战火突起，终未成行。

说陈寅恪只过了几年的安顿日子，是因为他中年阶段的家庭幸福确实短暂。国家的命运、时代社会的命运很快影响到他，抗战开始，中国高校南迁，师生流离失所，颠沛造次。对陈寅恪而言，他甘愿接受了甚至专心致志地接受了这种命运，做了“中国文化的托命人”，而非在时代的大潮中尽力保护甚至扩张自己的或亲友的利益。在当时，发国难财者有之，逃离中国者有之，投机者有之。但陈寅恪没有这样趋时而生，而是执着于学术、中国和文明命运，他造次于是，颠沛于是，以至于读书读得视网膜脱落、眼睛失明。

他的女儿回忆说："父亲工作的时候汗流浃背，在一个茅草房里，风雨一来，把房子都能刮塌，也没有桌子，就是一个箱子，搬一个小凳写文章。""他写完，需要休息，就带我出去散步，我那时候很小，就穿个木板鞋，在山上跑，满山的映山红啊……父亲只能在休息的间隙，感受到一种远离战乱的欢愉。""父亲用眼过度，视力日益减退。母亲很着急，希望在力所能及的条件下，为父亲增加营养。于是托人买来一只怀胎的山羊，母羊生了小羊之后，母亲学着挤奶，给父亲饮用……"

陈寅恪的穷苦不仅困扰了他自己，也给亲人带来了刻骨铭心的苦难记忆。陈寅恪平日食量极少，主食只吃一两片面包，副食只吃一两片瘦肉。病了后，食量更是大减，靠打针和服维生素B来补充营养。当时打一针的费用昂贵，维生素B价格亦不菲，而且不容易购得。夫人唐筼为买一药，四处奔波，实在是煞费苦心，尽力支撑。

在香港时，由于陈懂日文，日军对他还算客气。后来日军军部行文香港占领军司令，司令派宪兵队照顾陈家，送去好多袋面粉，但宪兵往屋里搬，陈寅恪、唐筼硬是往外拖，就是不吃敌人的面粉。日方甚至用官职以及金钱利诱，但陈寅恪宠辱不惊，拒不接受，生活虽然艰难，但宁可以典当衣物来过活。友人的日记曾记载说："刘孙二人昨携米十六斤、罐头肉类七罐予陈寅恪，今日回来报告陈近况，据谓他已挨饥两三天了，闻此为之黯然。”抗战期间，陈只身赴西南联大任教，妻子、女儿在香港自寻生路，更为凄惨。以至于陈寅恪的三个女儿写的回忆父母的感人的著作，就用了“也同欢乐也同愁”作为书名。

这种穷困伴随了陈寅恪一生，他的身体之差多是因为营养不良造成的。有一次邓广铭去看陈寅恪，陈躺在床上呻吟，说我快要死了，我这个身体快不行了，我坚持不住了。但是他又说，我不写完这书稿，我不死。陈的弟子蒋天枢与蓝孟博听到老师陈寅恪的消息后，约同往谒。蓝氏买了三罐奶粉。陈寅恪和夫人都还在病中，虽然稍有好转，只是能在床上倚靠着被子坐起来。陈寅恪看到奶粉说：“我就是缺乏这个，才会病成这样。”……这样的例子举不胜举，让人心酸的事例太多了，为了买煤，陈不得不在胡适等人的关心下，卖了自己的藏书换钱；而到了除夕，让女儿“美延吃了一顿白米饭”，陈寅恪欣慰的笑颜似乎尤其悲怆……

这种人生，在当时以及今天的成功人眼里，是多么不值得理睬关注的，是多少文士学人避之唯恐不及的，是多么普通可怜甚至迂腐的，是多么格格不入或有如胡适说的“遗少”气。但陈寅恪从来没有考虑这些成功人的心理，他没有为成功人或所谓的“成功”而活。因此，今天谈论陈寅恪，最值得谈论的不是陈寅恪的记忆力、学识和传奇，而是他在一个成功环伺的环境中坚持了道理的可能性，从而大道学问成了他的肉身形式，他也成了当时世界范围内的学问大道的人格象征。因此，我们不难理解他的悲情力量，穿透了悠远的时空，他平凡的人生给我们以及后代的人们一种似乎不可企及的传奇高标。

这种人格的悲情几乎是绝世的大道。这种悲情，使得校长梅贻琦、系主任雷海宗劝他休息，暂时不要开课时，他拒绝说："我是教书匠，不教书怎么能叫教书匠呢？我要开课，至于个人研究，那是次要的事。我每个月薪水不少，怎么能光拿钱不干活呢？"这种悲情，使得他声明说："我要请的人，要带的徒弟，都要有自由思想、独立精神，不是这样，即不是我的学生。"这种悲情，使得他回复中国科学院时，要求毛泽东等人能给他一证明书，"允许中古史研究所不宗奉马列主义，并不学习政治"。这种悲情，使得他的魅力不为时间所能占有或放弃，以至于知道他失明的情况后，当时的中南地方长官陶铸嘱咐在他门前为他修建了一条白色水泥路，以方便他在工作之余散步。这条路，就是今天中山大学里著名的"陈寅恪小道"……

我在多年前去中山大学逗留两日，在雨中打听到陈寅恪小道，去见识了那条路，心有所感，曾口占一首四行小诗《在中山大学校园听雨》：

通往陈教授故居的小路
一道浅白的海沟

无家可归的孩子们

在知识的流水线上作业

陈寅恪的眼睛抗战期间失明，但他的教学和研究生涯却没有终止。在近三十年的黑暗岁月里，他的创造性人生不曾中断，他的创造性作品层出不穷。

对这位学术奇人、同人的敬意、爱护和利用，清华大学、北京大学的主事者们也创造了学术史上的杰作。陈寅恪的女儿们回忆说："重返清华园，父亲已是一名盲人教授，11月又开始授课，讲堂设在家中最西边的狭长大房间内，校方搬来一块较大的木制黑板及若干张桌椅，父亲坐在黑板旁一张藤椅上讲授。开课前，原'助理教学工作所聘徐高阮君'，因故未能按时到任，父亲写信给北京大学历史系主任郑天挺教授，请求支持，'暂请北京大学研究助教王永兴君代理至徐君就职时止'。不久，郑天挺主任又派北大教师汪篯君来帮助工作，清华再派陈庆华君来任助手。三位助手分工大致为：王先生主要负责授课有关工作；汪先生重点在研究方面；陈先生则管涉及外语部分。早上王先生先到，离去后，陈先生来工作，由于工作结束已过食堂开饭时间，所以须在我家午膳后才回去。而汪先生的工作时间只能排在下午和傍晚了，下午汪先生常陪父亲散步，边散步边讨论业务，工作散步两不误。由于王、汪二位均非清华教员，不能在清华参加分配住房，后来学校替王先生租赁了离我家较近的校外居所，便于早上赶到（那时由城内到西郊清华的交通极不方便）；汪先生则住我家教室黑板后面，用布帘隔开的小间里。父亲仍继续担任燕京大学研究生刘适的导师，刘先生隔两天下午来一次。另外，父亲还指导清华大学研究生王忠及1947年考入清华的研究生艾天秩。父亲仍如既往，要了解世界学术动态，除陈庆华先生要读西文杂志外，周一良教授也有时来家叙谈并译读日文杂志、论文。”

国民政府时代的清华和北大为陈寅恪特事特办，以传承飘零的文化花果，而能够“薪尽火传”。用现在的话说，失明的陈寅恪的讲课场景是一道“独特的风景线”。

而就在这样的黑暗中，陈寅恪完成了《柳如是别传》《元白诗笺证稿》《论再生缘》等巨著。这样的著作，在今天早已不是纯粹的史学论著、人物传记，而是哲学，是历史，又是文学。这种成就，大概只有另一个失明巨人、南美的博尔赫斯可以与之相比。在这样的黑暗中，陈寅恪写下了晚年极富诠释价值的诗篇，至今仍为学者争议不休。在这样的黑暗中，陈寅恪写下了《对科学院的答复》《赠蒋秉南序》等传世文章，这些文章跟他早年的《王观堂先生挽辞并序》《冯友兰中国哲学史上册审查报告》等文一样不朽。

这些文章有着一个中国学人的心迹，即使黑暗中也有着烛照人心的光芒：“独立之精神，自由之思想。”“文革”后，陈寅恪夫妇合葬于庐山植物园内，墓碑上刻着的就是这几个字：“独立之精神，自由之思想。”

## 梁漱溟：直道行时自觉者

任何一个时代都有流行，人们多爱迁就流行而疏忽那些特异之人物；即使特异者被当作一时的装饰，用过也就弃置一边，大多数人仍从众从时。对20世纪来说，流行尤其无远弗届。这是我们时代的异化奇观，即使对那些极富有教育意义的特异者，我们可以把他们当作一时的话题，却不能从他们那里获得真正的营养，并用来完善我们自身。

梁漱溟先生就是这样的一个特立独行之人。他一生立功立言立德，身教言教无数，今天在不少人印象中只是一个象征性人物，学者学子把他当谈资，却少有将其作为研究的对象，当作知识、思想、人格的源泉……因为梁先生太独特了，他不依附任何势力，他不趋新媚时，他没有留过学，没有上过大学，他既不属于现代也不属于传统，他不崇拜西方也不崇拜东方……这是一个直道而行的狂狷之士，是一个以思考为志业的思想家，是一个重视行动的仁者，一个相信轮回的觉者。在我们中国人利用一切思想资源来呼唤“精神独立、思想自由”，来追求自性、个性时，梁先生已经实践了一个世纪中国人的梦想。但遗憾的是，我们仍绕过了梁先生。这不是梁先生的悲剧，而是我们浮躁社会的悲剧。

梁先生一生是一部传奇。他只读过中学，却被蔡元培请到全国最高学府北京大学教印度哲学；他在北京城出生成长，却一度举意过农家生活，并长期从事乡村建设；他一生致力于研究儒家学说和中国传统文化，却也不排斥印度文化和西方文化；他一生不断追求的两个问题：一是人生问题，即人为什么活着；二是中国问题，即中国向何处去。他的趣事名言无数：“在人格上不轻于怀疑人家，在见识上不过于相信自己。”“我要连喊一百声‘取消特务’，我们要看特务能不能把要求民主的人都杀完！我在这里等着他！”“一觉醒来，和平已经死了。”……

梁漱溟跟毛泽东同年，他的一生也跟毛泽东结缘。冯友兰在他去世后写的挽联说：“钩玄决疑，百年尽瘁，以发扬儒学为己任；廷争面折，一代直声，为同情农夫而执言。”上联即述其德业，下联则涉及跟毛泽东的缘分。

1918年，两人在北大教授杨昌济先生的家里初识，当时的梁漱溟已是名人，是北大哲学系讲师，毛泽东则在北大当图书管理员。二十年后，梁漱溟到延安跟毛泽东谈中国的出路，半个月中毛泽东与他长谈八次，有两次是通宵达旦，梁漱溟回忆说：“彼此交谈都很有兴趣。”毛泽东后来则称，“我同梁漱溟比较熟”。

新中国成立后，在毛泽东的邀请下，梁漱溟从重庆来到北京。毛泽东多次请他到自己家里做客，还专门派车接他，招待吃饭，由于梁漱溟吃素，毛泽东大声嘱咐：“我们也统统吃素，因为今天是统一战线嘛！”毛邀请梁漱溟到政府里担任职位，梁拒绝后，毛仍照顾他的工作和生活。

1953年9月，在全国政协常委会议的小组讨论会上，梁漱溟指出，“我们的建国运动如果忽略或遗漏了中国人民的大多数——农民，那是不相宜的。”这一被称为“工人生活在九天之上，农民生活在九地之下”、要求行“仁政”的发言，引起了毛泽东的不满。

自此梁漱溟深居简出。“文革”中，他受到冲击，被抄家被打耳光，但他承受下来了。1972年12月26日毛泽东生日，梁漱溟把尚未出版的《中国——理性之国》手抄书稿送到中南海作为贺毛泽东生日的寿礼。他就事论事，“文革”尚未结束，梁漱溟在政协会议上说：“文革”搞糟了，“文革”的祸因是治国不靠法治而靠人治。

上世纪80年代，不少人希望听到梁漱溟对毛泽东的评价，九十岁高龄的梁漱溟说：“当时是我的态度不好，讲话不分场合，使他（指毛泽东）很为难，我更不应该伤了他的感情，这是我的不对。……他已故世了，我感到深深的寂寞……”这是一个世纪长者的直言。如果真正的知识来自人生社会的总结，真正的见地来自历史发展的至痛经验，而非一时的感情、好恶以及书本上的学理或名相，那么对毛泽东这样的历史人物，梁先生的态度可能仍值得我们尊重，甚至是我们思考的基础或起点。

考察梁先生一生，他的贡献是多方面的。如果走近梁先生，我们也许能够理解，梁先生最大的贡献在于他给我们示范了一种中国人格，这种人格在我们中国文化中最忽略求知的氛围中极为稀有，我们的社会总是轻视人的思想、压抑人的个性，我们自身也往往会背叛曾有过的多思多情、曾有过的自尊自强，转而依附，媚雅媚俗，随大流，与时迁移，梁先生却一以贯之地坚持了自己的思考人生，在时代变迁中直道而行。

梁漱溟在北京长大，受家人宠爱，到六岁时还不会穿裤子。他上了四所小学，学的都是初浅的知识。但他一旦开智启蒙，就开始了自我求知之路。

十四岁时，梁漱溟开始思考人生苦乐问题。他觉得自己的家境尚好，受父母疼爱，却常常苦闷不乐；而家中的女工，天天做饭、洗衣、干杂活，辛苦得很，却脸上常有笑容，并不觉苦。这种思考与佛学合拍，因此梁漱溟拼命看佛书，在佛学的殿堂里登堂入室。十八岁时，梁拒绝父母为其订婚，十九岁开始茹素，三十岁一直想出家。

在中学期间，梁漱溟崇拜年级低于自己的郭人麟：“其思想高于我，其精神足以笼罩我。”梁尊称其为“郭师”，课余常去讨教，并将他的谈话整理成册，冠名“郭师语录”。被人讽之“梁贤人遇上郭圣人”。但梁漱溟却珍惜这一经历，他曾说：“我一向狭隘的功利思想为之打破，对哲学始知尊重。”梁崇拜的另一个人是同学甄元熙，甄鼓励他剪辫子，介绍他加入京津同盟会。

梁先生的这些异乎寻常的举动在外人看来荒诞不经，这一类的举动也几乎伴随了他一生。1942年年初，梁漱溟在日军的炮火下逃生之后给儿子写信说道：“我不能死。我若死，天地将为之变色，历史将为之改辙。”这些言论，也曾遭到了包括熊十力在内的许多人的讥评。但考察梁先生行迹，我们可以肯定，他的这种言论，绝非出于狂妄，也非出于自恋，而是人格的自我期许，是对自我精进的要求。

因此，我们能够理解梁漱溟的非常言论背后自有达观的牢固基石。他信奉孔子的“仁者不忧”，因此他“乐天知命”。抗战期间，袁鸿寿先生在桂林七星岩请他吃饭，饭后在树下聊天，恰敌机在天上扔炸弹，袁鸿寿大惊失色，要躲一躲。“而梁漱溟则镇定自若，聊天如常。”1976年唐山大地震时，北京人到户外防震棚里避难，梁漱溟却安居不动。在居委会、家属的再三劝告下，最后才有几个晚上到寓所后门的草地上露宿。

因此，我们能够理解在“五四”新文化运动之后、西方文化影响并支配中国上层知识精英之际，梁漱溟仍能够坚持自己的思考，并为中国社会提供有意义的知识产品。他在“五四”新文化运动后期发表的重要著作《东西文化及其哲学》，以极大的勇气批评新文化运动“向西走”的不对，宣称他就是要“向东走”。在东西文化观上，他把人类文化划分为西洋、印度和中国三种类型，各有所长。他不是打倒孔家店，或把中国经典悬搁起来，而是把孔子、孟子和王阳明的儒家思想，佛教哲学和西方柏格森的“生命哲学”糅合在一起。就是说，他没有把人类文化的经典选择性利用，而是把它们都作为自己思考的基础。遗憾的是，直到今天，我们中国人要么欠缺西方知识，要么排斥中国经典，要么对佛教文化想当然，甚至不少人以为只有科学或西方社会学科教授的，才称得上知识，其他不过是野狐禅、无用之物。

在国共激烈冲突之际，梁漱溟发表了《中国文化要义》。基于他对中国社会实际的观察与研究，他提出中国社会的基本特征是“伦理本位，职业分途”，缺乏阶级的分野，以此否定阶级斗争理论，张扬自己多年来进行的乡村建设才是中国的唯一出路。这也同时代流行的阶级斗争思潮和运动背道而驰。

他的思考和人格都是孤标独举。因此，当1953年的那次大会，他出于善意为中共建言，说现在的工人和农民是九天九地，过去农民和共产党是亲如一家人……引起了毛泽东的批判。

他没有丝毫气馁，他仍自尊自重。两年后的1955年7月，梁漱溟开始写《人心与人生》自序。他的儿子梁培恕回忆，这年初夏，父子两人逛北海公园，梁漱溟说起他即将动手写的《人心与人生》，“这本书不写出来，我的心不死！”

1973年年底，中共批林批孔。在政协学习会上，人人要“表态”，梁一直沉默不语。最后迫不得已，梁做了《今天我们应当如何评价孔子》的长篇即席讲演。在众人追问他对“批林”的态度时，他说“我的态度是不批孔，只批林”，从而引起对他的大规模批判。1974年9月23日，对梁历时半年的批判会告一段落时，主持人询问梁对大家批判他的感想，梁脱口而出：“三军可以夺帅也，匹夫不可夺志也。”主持人勒令梁作解释，梁说：“‘匹夫’就是独人一个，无权无势。他的最后一着只是坚信他自己的‘志’。什么都可以夺掉他的，但这个‘志’没法夺掉，就是把他这个人消灭掉，也无法夺掉！”

梁是一个特立独行之人，他的独特被一般人目为“怪人”，被视为迂阔、率直、狂妄，不通世故，但他并非不近人情。相反，他是一个极富同情心、胸怀极为宽放的人。他是一个从不遮蔽自己天良的人，也不是为了活给别人看的作秀者。他终生不坐人力车，因为年轻时碰见一个老人拉着人力车，内心感到痛楚难忍。他信佛，从青年到老一直吃素，但梁漱溟说，他没有礼佛行动，从来没有去寺庙烧香拜佛，他是在自我修养上下功夫。

上世纪20年代在北平，梁漱溟讲演《人心与人生》，要听众付费，听者每人一元。这个主意是梁漱溟自己想的：“是真想让人来听，或因花过钱而注意听，否则不免有人随便入座并不真有兴趣听。”但他又主动关心那些没钱的学生，后来成为哲学家的唐君毅，因故没听，就收到梁漱溟托别人带给他的五元钱。

梁漱溟好布施，他自己花销少，却经常接济有困难的人。他的方式很独特，送的钱不要还，但借他的钱必须要还。一位友人忘记归还，他竟前去索债。他的观点是“可以与，可以不与，与伤惠。”梁提醒已摆脱困境者还借款，目的是给另一些仍在困苦中的友人雪中送炭。他跟萨空了合作办报，给萨空了定的薪水比自己高，因为萨有家室之累，而自己的薪水虽低，却仍从中拿一部分资助萨空了。

梁漱溟从父亲梁济那里受到了良好的熏陶，自杀的梁济那种“道德理想和卓立精神”让他十分推崇，他对自己的两个儿子的教育也同样可圈可点。像父亲一样，梁漱溟也很注意培养儿子们的个性。他对长子培宽有“多年父子如兄弟”之谊。梁培宽回忆说：“父亲对我完全是宽放的……我在父亲面前，完全感不到一种精神上的压力。他从不以端凝严肃的神气对儿童或少年人……先父认为好的，便明示或暗示鼓励。他不同意的，让我晓得他不同意而止，却从不干涉。”一次梁培宽考试得五十九分，曾拿学校要求补考的通知给父亲看。“他只看了一眼，就又还给了我。”梁漱溟长年为社会奔走，居无定所，无暇顾及家庭，两个儿子寄居亲戚家，他就要求长子培宽多带带弟弟培恕，让培宽

“研究研究恕之受伤或受‘病’在何处，当如何药之”。

梁漱溟的家信是温厚的，他关怀、培养两个儿子的人品与学业。“两人之自传均阅看。宽儿所作虽不甚好，尚清爽简洁，但开头一句无主词，在文法上是不行的，或漏去一‘我’字耶。恕所作太简短，总是因为他对所作之事无兴趣之故，勉强他多写怕也不行的。”

梁漱溟的宽放教育贯穿始终，他的教育显然是成功的。1944年梁漱溟再婚时，培恕不愿意接受后母，抄一首写孀妇的诗“故人恩义重，不忍复双飞”给父亲看。梁漱溟看后点点头，就算父子交换意见了。梁漱溟谆谆告诫子女“不要贪”，“不仅贪图的事不应做，贪图的念头也不要起”。他把“不谋衣食，不顾家室，不因家事而拖累奔赴的大事”当作家训，这在两个儿子的身上得到了传承。培宽、培恕一生不喜出头露面，为人低调，不趋时媚时。因此，他的两个儿子在历次运动中没有遭受太多的磨难。

在梁先生晚年，苦于络绎不绝的访客，为健康计他不得不亲自书写“敬告来访宾客”的字条。上写：“漱溟今年九十有二，精力就衰，谈话请以一个半小时为限，如有未尽之意，可以改日续谈，敬此陈情，唯希见谅，幸甚。”有心人看出，那“一个半小时”的“半”字，是后来加上去的。所谓“仁义之人，其言蔼如也”。赵朴初则说：“观之俨然，即之也温。”

梁先生也不是一个不能行动的书生。他表里如一而能力行。十九岁时，他开始素食，一生没有中断。三十六岁时，他到河南辉县参与筹办村治学院。三十八岁时，他到山东邹平筹办山东乡村建设研究院。四十七岁时，他在四川璧山来凤驿创办勉仁中学。五十六岁时，即1949年夏秋间，晋谒贡嘎上师，领取无上大手印，接受灌顶。自8月初至9月初，与罗庸、谢无量等在北碚缙云山上修习藏密功法。六十三岁时的8月间，居京西八大处习静。

他的乡村建设跟陶行知、晏阳初等人的实践一道闻名世界，是当时中国人超越政党而救国的卓越努力。他的乡村建设思想，是构思宏大的社会改造试验，尝试将西方现代化的优点与中国文化的优点融合起来，为此进行了积极而可贵的探索。其中最重要的，一是农民自觉，一是乡村组织。农民自觉是思想上、教育上的事情，农民必须自己代表自己，有自我管理的意识。而乡村组织，则是形式上、制度上的建设。这种力行，使得梁漱溟对一般人以为不可接触的军阀都有同情之论，他很早就认识了冯玉祥的部将韩复榘，韩后来被蒋介石拉拢，担任河南省、山东省政府主席，恰好梁漱溟在此两地搞乡村建设试验。韩复榘为他的乡村建设试验提供了诸多方便。梁漱溟谈对韩的印象时称他读过孔孟的书，并非完全是一介武夫。由此可见，梁先生的行动能力非同一般。

在国共争夺政权时，梁漱溟为国是奔走，一度担任民盟的秘书长，参与国共和谈。他的行迹为美国人马歇尔和司徒雷登了解，他们尊其为“中国的甘地”。

这是一个完全了解自己的人，用我们今天的话，他知道自己的人生使命。梁漱溟耗时最长的志业，在于沟通中西文化鸿沟。“‘为往圣继绝学，为来世开太平’，这正是我一生的使命。”

在别人那里，东方和西方、社会和个人、内心和外界是纠结的，梁漱溟却是统一的。当陈独秀、胡适把梁漱溟视为文化保守主义，划入新文化运动的对立面的时候，梁漱溟在《答胡评〈东西文化及其哲学〉》中公开说：“照这样说来，然则我是他们的障碍物了！我是障碍他们思想革新运动的了！这我如何当得起？这岂是我愿意的？这令我很难过。……我总觉得你们所作的都对，都是好极的，你们在前努力，我来吆喝助声鼓励你们！”

梁漱溟常对别人说，你看我最闲的时候，其实是我最忙的时候。你看着我坐在那里似乎什么事情也没有做，其实我的思想已经跑得很远很远了。思考是大事，德性是大事，行动也是大事。在《这个世界会好吗》中，艾恺问梁漱溟：“您认为您生活中最重要的大事是什么？”梁漱溟回答道：“大事一个就是为社会奔走，做社会运动。乡村建设是一种社会运动，这种社会运动起了相当的影响。”

先生也明认自己的轮回：“人有今生、前生、来生，我前生是一个和尚。”

因此，在一个世纪以来反复的中国社会里，梁漱溟先生是少有的能给我们中国社会以安慰和信任的人了。学者林毓生认为，梁漱溟与鲁迅是20世纪中国最有创造力的思想家。梁漱溟在反传统的浪潮中挺身而出，倡言中国文化经过调整还能继续存在并复兴，他相信中国本身拥有走向现代化的力量。是梁漱溟，而不是别的什么人，更足以与鲁迅构成表面对立、其实互补的两极。他们一位是传统文化的伟大批判者，一位是传统文化的伟大发扬者。梁漱溟说："我愿终身为华夏民族社会尽力，并愿使自己成为社会所永久信赖的一个人。"他做到了自己所说的。

1988年6月23日，梁漱溟去世，享年九十有五。他弥留之际说的最后一句话是："我累了，我要休息！"哲学家张岱年由此想到："大哉死乎！君子息焉。"

# 王明道：我必得见他的公义

王明道的父亲王子厚，在北京美以美会所开设的同仁医院做医生，三十岁时与李文义结婚。义和团乱起，以“扶清灭洋”为口号，四处追杀“洋人”，很多外国人和中国基督徒躲到东交民巷使馆区内避难，王子厚和怀有身孕的妻子也在其中。义和团攻击猛烈，使馆区岌岌可危。王子厚胆小，在花园中自缢身亡。此后不久，即1900年7月25日，李文义在东交民巷生下了王明道，为她接生的母亲给外孙取了个乳名叫“铁子”。

王明道酷爱读书。母亲给他取名永盛，在母亲的帮助下，小永盛入学前就已读过《三字经》《百家姓》《千字文》《名贤集》，还有《圣经》《天路历程》以及《正道启蒙》等基督教书籍。母亲是伦敦会的教友，故亦经常带他到教会中参加礼拜等教会活动。他受儒家文化和基督教文化的双重影响，然而他后来自承：“我一直到十四岁的春季，从礼拜堂中不但什么也没有得着，而且看聚会是一件最令人头痛的事。”

十四岁的王永盛获得重生，他正式成为基督徒。但他的立身立志之路还一波三折，十五岁时王永盛想当政治家，要做“中国的林肯”；十九岁时，他又想改革社会，希望通过宗教来实现理想。为此，王永盛还拒绝了五四运动组织者的邀请，认为改革人心才是关键之所在。当然，他后来又退到个人本位上，他曾针对社会改革家说：“不用提消灭社会中的罪恶，根本就没有人能消灭自己的罪恶，却想改造社会，使整个社会得救，这岂不是痴人说梦？连自己都改造不了，还谈得到改造社会吗？”

二十岁后，王永盛自己反省，以为从前的作为都是在满足肉体的欲望，是想为自己立名。他在日记中反思说：“此悟前者所立之志，成大业，为伟人，享大名者，皆为全盘错误。”中国传统文化深谙生命与名利的关系：利心易去，名心难除，名心退尽道心生。此后王明道开始真正明白了生命的道理。他给自己取名“明道”。

有意思的是，王明道胆子不大，却疾恶如仇，敢于直言。他认同耶利米先知，敢于斥责罪恶，也敢于揭穿假先知的面目。王明道注重信徒圣洁的生活，他认为，除了读经，也应该“读书、读事、读人”，对发生的事情认真地去“读”，对一些人的生平事迹、榜样鉴戒，要去读他们。

抗战期间，日本人为了控制中国的教会，成立了一个“基督教联合会”，对有影响的牧师威逼利诱。有一天，日方通知王明道到日本宪兵司令部去“谈话”。“谈话”的头一天晚上，教会的兄弟姐妹们来到王明道家为他祷告。王明道说：“现在北京几乎所有的传道人都加入到‘基督教联合会’里面去了，进去以后就陷入到苦害当中，陷入到政教合一的日本人的统辖当中，甚至苦痛得都不能自拔，也不能够出来。我若是再参加到这个组织里去，有谁为神作见证？这次去了，不知道还能不能回来，我生性是一个胆小怕事的人，但是为了主的缘故，为了让神的名得荣耀，大难临头的时候只有求主加添力量、保守自己了。”王明道强调：肉体不是没有恐惧，大难临头的时候，求神加添力量。

四十年代初，宋尚节先生在北京香山养病，王明道夫妇去看他。王明道说：“听说客人从很远的地方来看你，你连送都不送？”宋说：“是啊，我没有必要送啊，看我的人如果是因为神的缘故来看我，自然有神来报答他，我何必送他呢？要是为了人情的缘故来看我，那我何必花时间还这个人情呢？”王明道说：“你这个想法不对，基督徒处世应当有基督徒的礼貌和常识。”后来王明道夫妇再去看宋博士，临走时宋博士就非送不可。王太太说：“你病得这么重就不要送了。”宋尚节操着浓重的福建口音说：“取西墙西（处世常识），取西墙西。”

边云波先生追忆说，王明道在台上讲道时，大声疾呼痛斥罪恶，态度非常严肃，甚至严厉，有属灵的权柄，让人敬畏。但在台下，王明道跟人接触却和蔼可亲。有一次，边云波在院子里遇到王明道，他带着泳衣，跟边云波打招呼说：“游水去！”边云波说那满面的笑容一直深印在他脑海之中。

五十年代，王明道提撕了《圣经》名言：“信与不信，不能同负一轭。”然而面对政治运动的恐怖高压，他仍是一个常人。有一天，他在日记中写道：“今日予心中充满幽暗苦闷，甚至转为畏惧”，当晚他“卧床不能睡，愈变愈劣”，至一时才入睡，但到四时即醒，“心中充满恐惧”。

1955年，“王明道反革命集团”在各地开展斗争。主事者说：“处理王明道完全是一个政治问题，绝对不是因着信仰的缘故。”北京人民大学研究生吴德祥因不肯交代王的问题而跳楼自杀，北京医学院的刘樾庆和石升华因拒绝交代而在大会上当场被捕。在江苏，会议的主持人高喊：“王明道该不该枪毙？”“同意枪毙王明道的人请举手！”一位名叫关品鹤的人因没有举手，被判五年徒刑。

1955年8月7日，礼拜天，根据线报，公安人员深夜翻墙进入王明道的院内。进到书房的公安人员大喊了一声：“王明道！”王明道转过身来，就看见一支手枪对着他，他本来胆小，一下子被惊吓得跌坐在地。经过几十次的审讯，王明道承认了至少有十二条罪状，其中除了反对“三自会”是事实以外，其他都是谎言。王明道最恨说谎的罪，他认为说谎可以遮掩其他罪，给其他罪开一条通路，让人犯罪放心大胆。但在蒙受重压又信心软弱之后，为求早日释放，他承认了那些他根本没有犯过的罪行，说谎了。

王明道被抓捕判刑期间，“既愤且愧，置身无地，悲观失望，坐以待毙。”他极其痛苦，向神祷告说：“神啊，你怎么这么残忍，叫我遭遇这样的打击，被判无期徒刑？”但祷告期间让他想起二十一岁背熟的一段经文：至于我，我要仰望耶和华，要等候那救我的神，我的神必应允我。我的仇敌啊，不要向我夸耀。我虽跌倒，却要起来；我虽坐在黑暗中，耶和华却作我的光。我要忍受耶和华的愤怒，因我得罪了他，直等到他为我辨屈，为我伸冤。他必领我到光明中，我必得见他的公义。

因说谎认罪获释后的王明道精神几近崩溃。他时而说自己是彼得，曾多次否认主的名；时而说自己是犹大，出卖了爱他的主。一年多后，他和妻子一起自动走进公安局，否认先前的悔过书，否定所加给他的罪名。1958年4月，王明道夫妇二人再次被捕下狱，他们先被关押在草岚子胡同看守所；1959年11月，迁往德胜门外的功德林看守所；1960年2月，再被转往北京市自新路看守所关押。1966年秋，王明道被押解到山西大同劳改煤矿；1968年4月，又被转押到山西省阳泉县的一个小镇荫营。王明道系狱后，外界无人知道他的消息。1971年夏，从国内曾传出他的一封信，其中说：“不要为我担忧，我比许多麻雀的价值要大得多。”

1979年11月，改革之风吹到了王明道的头上，政治形势决定了要释放王明道。当王明道看到释放证上注明他是反革命罪犯时，他不肯走出监狱。他说：“在上帝面前，我承认自己是个罪人。但在国家的法律面前，我从未犯过任何罪。”狱方命他搬到监外三间房居住，以此将他诱骗出监狱。至此，为了信仰和良心的缘故，王明道共度过长达近二十三年的牢狱生涯。出狱后的王明道已是八十高龄的老人，容颜苍老，但精神充沛，声音洪亮。

1988年4月23日，美国著名布道家葛培理在香港宣道会滕近辉牧师的陪同下，特地到上海看望了王明道。在讲述受苦经历时，王明道引用了启示录的话，“你务要至死忠心”。

八十年代末，曾有三个美国信徒到王明道家看望他，他们提了三个要求：第一，请讲一讲中国信徒受了哪些苦难。第二，请说明一下，中国信徒受了这么多苦难为什么还要传道呢。第三，我们可不可以给你们录像，让美国人看到后会受感动，好激励他们向神的心？王明道拒绝回答。在一起的教友替王答复道：“美国有那么多的神学家，写了那么多关于耶稣基督生平的书。耶稣基督钉十字架的形象，应当是像‘活画在加拉太人面前一样’，活画在你们美国人面前的。若是他手上的钉痕，肋旁的枪伤以及那里流出来的宝血尚且不能感动你们美国信徒的话，我不相信中国信徒的苦难可以感动你们美国信徒。”

在回顾自己漫长的牢狱岁月时，王明道说，他不是政府的罪犯，而是像使徒保罗那样的“坐监者”。他认为是神保守了他多年的艰难岁月，使万事都互相效力，操练他，塑造他，让他的属灵生命更加增长，使他的软弱变为刚强，失败转为胜利。有人说，王明道仍有民族主义的一面，他身上有中国文化的烙印。王明道曾引用孟子之言："富贵不能淫，贫贱不能移，威武不能屈，此之谓大丈夫也。"王说自己，"五十岁前做到前二语，五十岁后始做到第三点。"

1991年7月28日，礼拜天。早晨。兄弟姐妹们聚集在王明道的小客厅里，大家按着次序每人一节地读《圣经》。当有人读到《列王纪下》第四章第八节："妇人对丈夫说，我看出那常从我们门前经过的是圣洁的神人。"王明道的呼吸突然急促起来，大家就停止读经而共同祷告，在大家的祷告声中，王明道离开了世界。

# 林同济：人格与价值

造化弄人。中国文化遭遇千年未有之奇变以来，神州大地上受到欧风美雨的影响，在这种世界背景里，人们一直期待，中国社会或历史进程能够孕育出物质、精神上的“宁馨儿”。新的中国人格，更是被期待能够融汇中西。自蔡元培开始，到傅斯年，到钱锺书，人们一直赞以学贯中西的美名。但是，那种贯通中西，说到底是在学方面，在人格层面，能够兼采中西之长者，可谓凤毛麟角。在这其中可数的历史人物中，林同济先生属于极为难得的一类人。尽管时代环境对这一类人显得极为严苛、残酷，但林先生以其一生的行迹仍向我们展示了一个中国文化的传承者在现代文明世界的可能成就。

林同济出身的家族是现代中国史上一个极为难得的家族典

范，这个家族为文明世界贡献了众多优秀的人才，反映了林氏家风在变乱的世代足以自保的能力。这是一个向专家人才努力的家族，在现代政治转型的年代，林家人认定国家需要律师、教授、医生等专业人才。林家如此自傲："我们的先人没有给我们留下任何财产，但他们确实给我们留下了比金钱所能购买的任何东西远为宝贵的遗产：读书受教的头脑，慈爱人类的心和对祖国的爱。"



但林同济超越了专家范畴，他毫不掩饰自己对国家、民族、文明的热爱认同。在美国攻读学位的时候，他用了很多功夫收集日本在东北铁路的资料，通过仔细的研究，发现日本对东三省有鲸吞的计划。1930年，他同时用中文和英文发表《日本对东三省之铁路侵略：东北之死机》一书，用大量的资料揭露日本的侵略野心。一年后，他的预言不幸言中，由此刺激了林同济的民族主义意识。

林同济学成回国后，跟雷海宗等人一起办《战国策》等杂志，结果因为鼓吹民族主义，而被国共两党视为异端。1948年，郭沫若写《斥反动文艺》，将文艺界分为红黄蓝白黑五类分子。其中他和雷海宗等人的"战国策派"被归到蓝色。蓝衣社是国民党的特务组织，因此所谓"蓝色"，即是指责他们是国民党的文化特务，替国民党服务。"战国策"思潮至此被定性为"宣扬法西斯主义"和"为国民党统治提供学理依据"的"反动思潮"。

在银行家陈光甫的资助下，林同济创办了海光图书馆。1947

年2月到次年1月，他游历欧洲，广泛访问了英、法、德、意等国的文史哲学家与作家，跟意大利的克罗齐、法国的萨特、英国的拉斯基、匈牙利的卢卡契等讨论中西文化问题；他邀请每位被访者提供一份100名最重要的西方思想家的名单，以他们的著作作为图书馆的第一批藏书，向西方的文化精英取经；不幸的是，他一方面被中共方面视为国民党的文化特务；另一方面，他和海光图书馆的同事，在上海解放前夕，受到国民党特务的严刑酷罚。

1949年春，人民解放军越过长江，上海被接管迫在眉睫，很多知识分子考虑离开大陆去台湾。林同济的父亲认为孩子有太多“不良”记录：“以你这样的思想，和共产党相处你是会遭殃的。”他劝儿子尽快去台湾，林同济脱口而出的话是：“中国若亡了，吾与汝偕亡。”

这样的林同济自然是一个右派，因为他在鸣放时说：“肃反时讲坦白从宽，抗拒从严，我理解实际上是坦白从严，抗拒从宽。”针对中共户籍管理制度，他说，“人本来是动物，现在却成了植物，不能动了。”

1978年，林同济的右派帽子被摘掉。新华社记者访问他说：“我很荣幸有机会见到您这样著名的莎士比亚专家。”林异常激动，他站起身来，脸涨得通红。“让我问你一个问题，同志，”他一边摆手一边说，“你听说过有哪位莎士比亚专家是连一篇关于莎士比亚的文章都没发表过的吗？”林同济直截了当，“让我问你一个问题，”他对记者说，“你们党内有没有关于最高统治权力交接的规定？没有民主和对权力交接的规定，国家注定迟早要碰到麻烦。”

1979年，在林氏家族中的两个晚辈离开中国赴美前夕，林同济给他们写信说：“要深深体会机会难得。学习努力，同时对彼邦的风俗习惯亦宜留心观察，力求了解适应，要看人家的真好在为人接物方法，能热诚助人，守法，清洁等等。不要眩于外面的华贵，如汽车、服装等等。要晓得人家内在的优良，不在于外表的繁华。同时我国文化有了数千年的传统，是极当自豪的，不要有自卑感。要晓得你们过去没有了解祖国的历史文化，此后还应当多注意祖国的历史与各方面的创造，以提高爱国之心。”



1980年，林同济访美前受到胡耀邦的见面邀请。林对见面似乎很满意，他对胡耀邦的印象是“天马行空”，“不拘泥陈腐”。辞别时，林同济说：“我是个老学者。我学习过马克思主义，但没有懂多少，但我向你保证，这次出国访问会让我的国家受益的。”

1980年11月，林同济在伯克利大学演讲“对中国人心灵的寻求”。他告诉西方同行，中国人的思想不止一个人文主义，从先秦时代开始，中国人就在为人文主义寻找一个超越的基础，儒家、墨家和道家，都很重视“天”，重视人与宇宙、自我与整体的关系，中国人的心灵一直在探索着一种宇宙的和谐统一，我们可以把中国的人文主义称为宇宙的人文主义。然而，对宇宙的探索，归根结底是对人格的寻找。在中国，重要的是人格，人格是中国思想的精髓，是它的终极关怀所在。“它不仅要与社会融为一体，也要与宇宙融为一体。最根本的东西是宇宙。人格是人性与超人性的综合。”

林同济对观众如此致意——“如果你问在中国人眼中，人到底是什么？关于人的唯一的定义是：人就是他自身所认同的价值。——价值是与宇宙相协调的，宇宙中包含了仁爱和变化，永远在创造，在繁衍。容我这样说吧：中国人认为，一旦你自己和宇宙挂联起来，你就变成某种神圣的事物。你对宇宙作出了终极忠诚的承诺，你和上帝而不是和牧师聚合了，这就是中国之道。”

在如此对世界致意两天以后，过于兴奋和疲劳的林同济，突发心脏病，在旧金山去世。这篇演讲，也成了他的临终箴言。

# 为生民立命

# 张　謇：天地之大德曰生

我们中国的历史，在现代转型完成之前，多半是属于帝王将相、圣贤才子、英雄豪杰的历史，这种历史使得名人可扬乡土，所谓地以人传。它反证芸芸众生的卑微和地方生态的荒凉，必得一两个人物出现后才能进入国家社会的“公共空间”。近代中国在现代转型之中，仍受制于这种史观或史实，而湖湘、江浙、广东等地人才辈出，扮演了中国历史舞台上的重要角色。这些名人虽然使得家乡广为人知，但其人生舞台多半跟家乡没有关系。翁同龢、李合肥、袁项城、康南海、梁新会，这些大名鼎鼎的人物成功后并没有多少努力“回向”故乡。但也有例外，大清的状元张謇不仅跟故乡南通的关系密切，而且在故乡成就了他一生的事业。

说起张謇的科第之路，倒是坎坷可书。科举之途，从秀才、举人到进士，跟当代的高考有同有异，高考是国民学校教育的重要关口，科举则是子民学而优则仕的敲门砖，因此，方法、手段相同，目标、路线不同。高考针对青少年，科举则不分童稚少年和苍髯白头。张謇在科举这条士大夫的必由之途上，也走过了漫长的道路。

清咸丰三年五月二十五日（1853年7月1日），张謇出生于江苏通州（今南通）海门常乐镇，兄弟五人，他排行第四，故南通民间称他为“四先生”。张家世代务农，到张謇父亲时，已置田二十余亩，并兼营糖坊。张謇少时即表现出了读书人的天分，四岁即能背诵《千字文》，而且一字不差。入邻塾，至十岁时，已读完《三字经》《百家姓》《大学》《中庸》《论语》等蒙学的基本书籍。从对对子这一汉语教学中可以看出他的聪颖机敏和关怀宏远。他以“日悬天上”即刻对出老师所命的“月沉水底”。十一岁时，老师见一武官骑马从门前而过，即兴作上联“人骑白马门前去”，张謇下联随口而出“我踏金鳌海上来”，比较起来，他三哥对的“儿牵青牛堤上行”就朴实、浅近了。老师对张謇寄予厚望，但也不溺爱。十三岁时，张謇转学到西亭宋琳处读书，他先后应如皋县试、通州州试。县试通过，而州试成绩欠佳，名列百名之外，受人讥笑。宋琳对张謇大加嘲讽：“如果有一千人应试，取九百九十九名，不取的那一名一定是你张謇！”由此引起张謇发奋读书，在书房窗户和帐顶写上“九百九十九”

五个醒目大字，枕边置放两根短竹，睡时夹住自己的辫子，稍一转头或侧身就会被扯痛而醒，醒则起身读书，每夜读书“必尽油二盏”，看见“九百九十九”往往泪如雨下，为防夏夜蚊叮虫咬，便在书桌下摆放两坛，将双脚置于坛中。而功夫不负有心人，十六岁时张謇就考中了秀才。

因为祖上是三代没有功名的冷籍，为了走上科举正道，经人安排，张謇冒用别人的名义报名注籍，这类似于高考生员假冒籍贯，虽然顺利过关，但张謇冒用的一家贪得无厌、索酬无已，后控诉于官府，借官勒索，于是“冒籍案”发。连年缠讼，使吃了官司的张謇吃足了苦头，家道也转入困顿。幸而通州知州孙云锦、江苏学政彭久余等人怜士惜才，费尽周折，才使张謇重归通州原籍。这样的经历，对张謇来说，可谓奇耻大辱，他后来总结自己的人生心路说：“自弱冠至今，三十余年中，受人轻侮之事，何止千百；未尝动声发色，以修报复；唯受人轻侮一次，则努力自克一次，以是至有今日。”又说，“进德之积分，则在不与世间腐败之人争闲气，而力求与古今上下圣贤豪杰争志气。”

张謇的考试之路并不顺利。从十六岁录取生员起，中经十八岁、二十一岁、二十三岁、二十四岁、二十七岁前后五次赴江宁府应江南乡试（俗称南闱）均未中试。直至光绪十一年（1885）三十岁时，因孙云锦官江宁府尹，子弟依例回避，张謇转赴顺天府乡试（俗称北闱），取中第二名举人，俗称“南元”（南人列北榜名次最先者），他的名声才渐渐在士林传开，成为朝廷派系延揽的对象。清流派的翁同龢、潘祖荫等人对张謇有提携之意，“期许甚至”“荐而不中”，几次误把他人卷子认作张謇的而取中会元：张謇三十四岁应礼部会试不中；三十七岁赴会试，试卷为无锡孙叔和所冒，孙中而张落；三十八岁应会试，场中误以陶世凤卷为张謇卷，陶中会元而张落第；四十岁赴会试，试卷又被武进刘可毅所冒，刘中会元而张又落第。这情形颇类似高考或公务员考试，流水有心，落花无意。

从小考到大魁，先后二十六年。岁试、优行试、录科等十次（各处书院考试还不在其内），加上乡试、会试、殿试共二十二次，先后在考场中度过一百六十多天。此后，三十四岁、三十八岁、四十岁三次会试，也都没有考中。屡屡败北，使他一度灰心丧气：“栖门海鸟，本无钟鼓之心；伏枥猿驹，久倦风尘之想”，但到头来他还得拼搏于考场。北洋大臣李鸿章、张树声和吴长庆等人曾推荐他到朝中任事，他觉得自己功名未成而坚辞不受。张树声做总督时再次延请张謇前去任事，他仍然婉言谢绝，这就是他“南不拜张北不投李”的由来。

考场不果，他的人生就全为此功名之心充满。四十一岁前他做了不少实事，跟朝中大臣、封疆大吏做事，但没有考取功名总让他觉得不能一展才华，“为国家伸眉，书生吐气”。好在张謇懂得上进，他在考场上的挫折，不妨碍他在学业上的进步。光绪五年（1879）的三院会试之后，担任副主考的总督沈葆桢，在病榻上曾托人传话给他：“做文章不可只学《班书》，要着重看

《史记》。”张謇因此下功夫钻研太史公的著作，还学习《管子》《晏子》等历代著作，大量阅读明、清地方志书，日积月累，博闻强识，打下了坚实的基础。他多次落第，引起不少人的同情。工部尚书、光绪帝的师傅，跟他的南通只有长江相隔的常熟人翁同龢等人想让张謇管国子监南学，对他说：“南学的诸生愿为你捐纳学正官，留管学事。”那时他年已四十，考进士屡汰不中，以后有没有希望很难说，有此机会对别人可谓求之不得，但他仍“峻词以拒”。这种局面终因慈禧太后六十大寿辰设恩科会试有了改变，张謇多了一次机会，而翁同龢要让张謇过关的心思几乎“志在必得”。这跟当代的高考一样说明人才闯关的偶然和侥幸。

光绪二十年（1894），张謇奉父命再次进京参加礼部恩科会试。他在二月的礼部会试中考中第六十名贡士，在三月的礼部复试时中一等第十名，“初定十一，常熟师改第十”；在四月殿试时，张謇的“常熟师”翁同龢命收卷官坐候张謇交卷，然后直接送到自己手里，匆匆评阅后，大加赞赏，提笔批了几个大字：“文气甚老，字亦雅，非常手也！”翁还做了其他阅卷大臣的工作，众主考官经过争议，最后一致同意翁同龢的意见，将张謇列为第一名进士。在向光绪帝引见时，翁同龢特地介绍说：“张謇，江南名士，且孝子也。”张謇得中一甲一名状元，照清廷惯例，新科状元张謇被钦授为六品翰林院修撰。

但中年成功的张謇已经看淡功名。他登上了科举制度的金字塔顶，本可以攀爬官僚体系那座更高也更为显赫的山峰。翰林院地居清要，三年后经过考校评定等次，或以编修检讨留院，或以主事分各部尽先任职，或以知县由吏部以实缺选用，然后再一步一步攀高，直至封疆大吏或朝廷重臣。他夺魁之后，有同窗好友在南通建造一亭，取名“果然亭”，寓意功夫不负有心人，功名果然到手。张謇亲自改为“适然亭”，并手书一副楹联：“世间科举与风汉，槛外云山是故人。”他仍然有风云之志，机敏之才。据说有一次他陪伴太后，雪霁天晴，后宫缸口有一圈残雪，慈禧出了一道上联“雪落缸口，天赐一条玉带”，张謇随即应对“虹出海外，地涌半副金环”，慈禧大为高兴。但他的观念已经跟一般的学而优则仕的士绅大为不同了。有一次，张謇随同文武官员迎候慈禧太后回宫，当时狂风呼啸，大雨倾盆，许多白发苍苍的老臣跪迎道路两侧，积水盈膝，全身匍匐。长长的仪仗队吆五喝六地走过来，慈禧太后坐在后面的轿子里，连轿帘也没掀，不理会众臣，就晃晃悠悠地过去了。这跟当代的官僚体制异质同构，官大一级压死人，上级面前媚态尽现，在饭桌上、会议室里，言谈举止间总是合谋出一种为主子鞠躬尽瘁的氛围。据说这件事对张謇刺激很大：堂堂七尺男儿，连条虫都不如，有志气的人能做这种官吗？他因此产生了回乡之念。

不久，张謇接到父亲病危的电报告假回家，当他赶到家中，父亲已经去世。他以未能亲奉老人归天为终生憾事，直至七十岁修订《年谱》时还说：“一第之名，何补百年之恨；慰亲之望，何如侍亲之终。”按照惯例，他得为父丧守籍三年，这也正好让他摆脱朝廷内的派系斗争。回籍的第二年，即1895年4月，甲午战争失败的大清帝国派李鸿章为代表，在日本马关春帆楼签订了《马关条约》，使中国的主权进一步丧失。“四万万人齐下泪，天涯何处是神州！”张謇丁忧在家，“既成进士而父见背，不及视含殓，茹为大痛，国事亦大坠落，遂一意斩断仕进！”

1895年成为当时中国国士们的选择之年。简在帝心的康有为选择了变法，上书无望的孙中山选择了革命，张謇以状元之身选择了实业。他们都要为时代注入活力，康有为和孙中山的选择是做中国历史的操盘手，“彼可取而代之”，张謇却在傍近实权人物的经历中知道如何经营实业，大丈夫当如是，靠实力说话，实业救国。传统士绅一向轻视商人、实业，直到今天，儒生、儒家思想能否与现代商业精神并行不悖仍有争议，但在现代转型的中国历史上，一些中国人却成为力行者。张謇由儒入商，成为儒行商界的时代人物。为了“开风气而保利权”，实力派人物、两江总督张之洞正式札委张謇经理通海一带商务，要求他招集商股，在通州兴办纱厂。张謇踌躇思索多日，认定“中国须振兴实业，其责任须在士大夫”，慨然应允。他为此辞官并屡召不应，“吾通因世界之趋势，知文化必先教育，教育必先实业。”

张謇创办了中国人自己的纺织厂——大生纱厂，大生的寓意是："通商惠工，江海之大；长财饬力，土地所生。"那是儒生们服膺的一句名言："天地之大德曰生。"张謇的解释是："一切政治及学问，最低的期望，是要使大多数的老百姓能得到最低水平线上的生活。"他认为富国强民的基础是农业，根本是工业。工业中又可分为"至柔至刚"（或曰"至黑至白"）两类：至刚至黑的是钢铁，至柔至白的是纺织，这就是他所谓的"棉铁主义"。张之洞发展了钢铁业，他则要从纺织业入手，营造独立的近代民族经济体系，进而参入全球范围的"文明竞争"。从1899年开车纺纱至1913年，大生纱厂共获净利约五百四十万两白银，发展成为拥有资本二百万两和六万七千纱锭的大厂。



在当时，由"做官"变为"做事"，困难重重。在大生纱厂内，曾悬挂过画师单竹荪绘制的四幅"厂儆图"，分别名为《鹤芝变相》《桂杏空心》《水草藏毒》《幼小垂涎》，由张謇的好友顾锡爵题诗作注，即是大生纱厂的发展诗画史。《鹤芝变相》中的"鹤"指潘华，字鹤琴；"芝"指郭勋，字茂芝。他们是大生纱厂在上海的董事，曾承诺筹集股金四十万两，但直到厂址择定开始购地建房的时候，潘、郭的股金还分文未见。后工厂改为官商合资，潘、郭承诺筹股二十万两，后来又改变承诺，只答应筹股八万两。最后未交一分一厘，公然退出董事会，使大生纱厂创业伊始就遭遇了一次危机。《桂杏空心》中的"桂"指江宁布政使桂嵩庆，“杏”指官僚买办盛宣怀（字杏荪）。盛曾许诺筹资二十五万两，桂曾许诺助筹五六万两，但二人后来食言自肥，见死不救，使张謇“中夜旁皇”“忧心如捣”。《水草藏毒》讽刺通州知州汪树堂及其幕僚黄阶平，他们煽动士人递呈抗议，聚众滋事，给张謇加上了办厂扰民的罪名，多次给大生纱厂设置障碍。《幼小垂涎》影射上海商界巨子朱幼鸿、严小舫。当时大生纱厂纺机一开，每日需耗工本四千两，不到三个月，三十六万两流动资金即已耗尽，朱、严却想乘此危难之际巧取豪夺。为创办纱厂，张謇曾“反复筹虑，彻夜不能寐，绕屋而走”，在进退维谷的时候，他只得低下头来，“忍侮蒙讥，伍生平不伍之人，道生平不道之事，舌瘁而笔凋，昼惭而夜洪者，不知凡几”。大生纱厂创办之时，张謇亲自撰就一副楹联：“枢机之发动乎天地，衣被所及遍我东南。”这副对联后经翁同龢手书，道出了纺织工业关乎国计民生的重要性。翁还为张謇力行之画题诗：“一水分南北，劳君独荷锄。”

大生纱厂的成功，使张謇兴办实业的势头有增无减。1903年（光绪二十九年）始，他创办了通州大达小轮公司、上海大达轮步公司、达通航业转运公司、大中通运公行、泽生水利船闸公司、大生三厂至青龙港铁路等，点状分布，构就江海大平原上纵横交错的交通运输网络。他的产业链蓝图也变为现实，先后创办了通海垦牧公司、资生冶厂、资生铁厂、广生油厂、复新面粉厂、阜生蚕桑染织公司、颐生酿造公司、淮海实业银行、同仁泰盐业公司与渔业公司、翰墨林印书局、大隆皂厂、懋生房地产公司、大昌纸厂、大聪电话公司、大达公电机碾米公司、通燧火柴厂、通明电气公司、镇江笔铅公司、耀徐玻璃厂、上海闸北房地产公司以及有斐旅馆、南通俱乐部、桃之华旅馆等数十家企业，并开发苏北沿海滩涂，创立了二十多家垦殖公司。涉及纺织、垦牧、盐业、蚕桑、染织、油料、面粉、肥皂、印书、造纸、电话、航运、码头、银行、火柴、电力、房产、旅馆业等民生的众多领域。1912年至1921年，张謇的大生系统获得空前发展，一度成为全国最大的民族资本集团。

在发展实业的同时，张謇又努力兴办新式学堂。“举事必先智，启民智必由教育。”1903年（光绪二十九年）全国第一所民办师范“通州师范学校”由他首创，随后，通州女子师范学校、师范附属小学、南通私立甲种商业学校、私立南通医学专门学校、南通农业专门学校、南通纺织染传习所（次年改称南通纺织专门学校）、南通狼山盲哑学校先后建成。1920年，他将医、纺、农三个专门学校合并为以后的南通大学。美国教育家杜威为此称道：“南通者，教育之源泉，吾尤望其成为世界教育之中心也。”张謇还在南京创办河海工程专门学校，在吴淞创办商船学校，资助马相伯创建上海震旦学校、复旦公学，倡议和推动两江师范学堂（今南京大学）引进人才。“世变亟矣，不民胡国？不智胡民？不学胡智？不师胡学？”

经过张謇的筹划，短短二十来年的时间内，南通在相对封闭落后的基础上起步，从无到有，由少到多，迅速建立起几乎所有的近代文化形式，如体育场、博物馆、公园、图书馆、剧场等。他全力打造出一个新南通。他首创的“南通博物苑”就是我国第一个博物馆，杜威、梁启超、竺可桢、丁文江、陶行知等人都曾到博物苑参观过，惊叹张謇开放的视野和博物苑所达到的水准。从1909年元旦开始，博物苑有人每天测得气象预报，交给当地报纸登载。从那时起，当地人的生活就和博物苑联系在一起了。1921年，竺可桢谈起中国仅有的两座气象台，其中一座就在南通博物苑。

张謇的南通建设几乎都做到了移风易俗，如更俗剧场，由张謇和欧阳予倩亲自拟定了十二条场规，诸如凭票入场，对号入座，不另加座，不带小孩，不高声怪叫，不吹口哨，不戴帽子，不随便走动，等等。还特别不许嗑瓜子，如有带入场的，由门警婉劝留下，出场时再交还。后来设儿童两名，身穿红背心，上绣“敬诸诸君勿吃瓜子”八个白字，时常在人行道上走动，使人注目。他对南通地区的设计比今天的区域发展战略规划还要远大，他有预见性，因为《史记》说过“一年成聚，二年成邑，三年成都”，因此他从来不是机械地设计五年十年的繁荣，也不流于第三世界对国际都市的想象，追求那种大而无当的“高大全”式的乌托邦。他对公园情有独钟，“公园者，人情之囿，实业之华，而教育之圭表也”。他在城区修建城市公园，1918年扩展为东、南、西、中五所小型公园，谓为“五山以北五公园，五五相峙”，“一邑之中一大苑”。他对城乡的发展不局限于一地：“一个人办一县事，要有一省的眼光，办一省事，要有一国的眼光，办一国事，要有世界的眼光。”

张謇期望通过建设南通，建设一个“新新世界”，继而能够推广全国。在张謇的区域整体协调发展思想中，“村落主义”堪称新农村建设。他创建的垦牧公司极有意义，不仅是为了围海造田，为了水利之兴修与土地之改造，而且还是在为现代农村建设找出路。他认为“生人要素为衣食住，衣食住之原在农……”他理想的农村人居环境：“各堤之内，栖人有屋，待客有堂，储物有仓，种蔬有圃，佃有庐舍，商有廛市，行有涂梁，若成一小世界矣，而十年以前，地或并草不生，人亦鸡栖蜷息。”

也许正是这种务实精神，使他对执相的理想有所保留。辛亥革命后，他和孙中山第一次会面，在日记中，张謇写下了对孙的印象：“不知崖畔。”他以为孙中山没有办过实业，把事情想得太简单和浪漫。尽管他后来意识到革命的伟力，他尊崇孙中山的人格和革命功绩：“从历史看来，中国革命之第一人，要首推商汤。……孙中山之革命，则为国体之改革，与一朝一姓之更变，迥然不同。所以孙中山不但为首创民国之元勋，且为中国及亚东历史上之一大人物！”在当时，他担任了孙中山任临时大总统的民国实业总长，但他站在实力派袁世凯一边，他选择了有军力的袁世凯。他看不上袁，曾经在日记中评袁：“是儿反侧能作贼，奈何！”又对袁倾向革命心存幻想：“是儿反正，亦可利天下。”他的思想也从热衷君主立宪转而拥护共和，他跟时势走，移步随形，认识突变：“黄帝以来五千年君主之运于是终，自今而后，千万年民主之运于是始矣。”但他仍对一切权势抱有同情，清帝逊位，由胡汉民推荐，张謇起草了《逊位诏书》。从宏观的角度，既明示清廷逊位的“大德”，又宣告世人应遵循历史潮流，步入共和行列。

这个跟实力站在一起的书生因此在乱世的清末民初做成了不少事。据说孙中山曾对张謇的儿子张孝若说：“我是空忙。你父亲在南通取得了实际的成绩。”张謇自称“老书生”，但在朝在野他都有支持者，他实际上是传统中国可通朝政的缙绅之士，只不过，传统中国没有出现他那样通天的士绅。在官产学分工细密的现代社会，也同样出现不了他那样在官商等中出入自如的士绅。正是有刘坤一、张之洞、端方、袁世凯、孙中山等朝野人士的支持，使他在那样乱纷纷的年代，建成了像南通那样绅重官轻、高度自治的“模范县”。他的挚友刘厚生说他：“似乎是一个结束两千年封建旧思想、最最殿后而值得注意的大人物，同时亦是走向新社会，热心向社会服务的一个先驱者。”

这个历史人物，从很多方面看，应该是成功的。但当时，年轻一代的国士胡适为他盖棺定论：“张季直先生在近代中国史上是一个很伟大的失败的英雄……他独立开辟了无数新路，做了三十年的开路先锋，养活了几百万人，造福于一方，而影响及于全国。终于因为他开辟的路子太多，担负的事业过于伟大，他不能不抱着许多未完成的志事而死。”张孝若对胡适的评价也深有同感：“你说我父为失败的英雄，这话确当得很，就是我父本人也承认的。因为他生平志事没有实现的，何止百分之八九十，只遗留了许多实地测验的具体计划。数十年来，他想办地方普及教育和民兵制度，没有成功；他想办通海一带大电力厂、大纺织印染厂，没有成功；他想垦辟沿海几百万亩的荒田，没有成功；他想疏治淮、运、江、湖、松、辽诸水道，没有成功；他想实现棉铁政策，改革盐法，和划一度量衡，没有成功……没有成功，不是失败吗？”

胡适并没有说明白，张謇的“失败”是“实业救国”道路的失败。张謇的救国救世来源于他对实力的追逐，跟实力在一起才踏实。但实力在他那里多指一国的资源、教育、实业等，他没有像康有为、孙中山那样去思索实力的精神、制度、体制含义。没有精神奠基的教育是流于奴性的应试教育，没有制度保障的资源是无效和受尽污染的资源，没有政体支持的实业是沙滩聚塔。自张謇、卢作孚以来，直到当代企业家们，其一生的努力多如空梦一场。在张謇去世前，他的“新新世界雏形”已经从根底上松动。到1925年，仅大生一厂的债务已经高达九百零六万九千两白银以上。他的事业已经遭遇了全面的危机，一直到他离开人世前，也没有看到真正的转机。张謇陷入实务中，无能反省他一生的道路，他留下的只是感叹："謇不幸而生中国，不幸而生今之时代。""生已愁到死，既死愁不休。"

幸运的是，张謇的实业在当时感动了国人，世所公认，他是中国近代实业史上的第一人。1937年中华书局刊行的《中国百名人传》，首为黄帝，末乃张謇。他实业的一部分至今令大众受惠，张謇把南通从一个偏远的小县创造成具有全国性质的现代城市，南通以其极富现代意识的建筑规划被当代建筑大师吴良镛教授称为"中国近代第一城"。有人说："在这座城市里，几乎每个角落都可以看见张謇时代遗留下来的实业，大至南通的一厂一校，小至南通的一桥一路，均是他个人意志的体现。作为南通实业的缔造者，张謇的印记与南通永远地烙在了一起。"南通有个说法是"一山一水一人"——山是狼山，水是濠河，人是张謇。人们用文学的语言表达说：大多数南通人的小学、中学，甚至大学生涯都是在张謇创办的学校里度过的。大多数南通人至少有一个亲戚在张謇创办的工厂里工作过。南通人最常去的电影院是更俗剧场，张謇当年在这里接待过欧阳予倩、梅兰芳、袁克文，唱了一夜，歌舞升平。每个南通人都在濠河岸边的公园里散过步，晒过太阳，打过水漂，这个公园只是张謇当年规划的五个城市公园之一。

有此已经不朽。何谓不朽？乱世中的穆叔回答范宣子说："太上有立德，其次有立功，其次有立言。"穆叔还说，"禄之大者，不可谓不朽。"就是说，官当得大，不能算不朽。乱世中的张謇曾说："天之生人也，与草木无异。若遗留一二有用事业，与草木同生，即不与草木同腐。"他知道自己的失败，但他同样知道自己的不朽，是以他为自己的墓门写下了对联："即此粗完一生事，会须身伴五山灵。"他长眠于南通的五山，已经成为山川的一部分。

## 王闿运：最后的帝王师

香港作家陈冠中先生的小说《盛世》走红一时，这部社会学品性更重的小说在相当程度上是对十年来社会变迁的观察笔记，对这部小说见仁见智，书中提到的帝王师却让人感叹。书中说："Q自我感觉特别良好，也是想当帝王师的，但XYZ都有点瞧不起他，说他学历不完整，说他没有学术著作，说他立场变来变去。私下里，XYZ叫Q做魔笛士，就是在西方童话里，用笛子吹起动听的调子，把小孩子拐走的人物。"因为真正的帝王师是要拐走英雄豪杰的，他们自己也是英雄豪杰，从孔子、墨子、孟子、韩非子，一直到后来的张良、诸葛亮、王通、刘伯温，都是了不起的人间英雄。这个源远流长的东方政治伦理学，时断时续，其内在的精神、风骨最终成为绝响，到今天，在陈先生笔下，帝王师成了一个极不堪的一类人的代表，借用鲁迅的说法，他们是不学无术的“流氓”，只会借民族主义、国家主义遮羞。

陈先生的作品让我想到了我国帝王学的最后一个大家，王闿运。王闿运当得起英雄豪杰的评价，用我们现代人的标签，他是国学大师，是大史学家，大教育家，大文学家，大诗人，大社会活动家。这个人坦坦荡荡，作家王开林说他的特点是“硬”和“趣”：腰杆硬，膝盖硬，笔头硬；有逸趣，有雅趣，有谐趣。这个传统中国文化孕育出来的巨人，却因为帝王学的式微命运遮蔽了光芒，他的历史意义或社会功用被同时或后来趋新的仁人志士取代。人们更注重康有为、梁启超、谭嗣同、章太炎一类人物的言行，社会剧变也求变，人们变本加厉，当康梁们也被抛下，陈独秀、胡适、鲁迅们上场，“五四”新青年上场，小平头知识分子上场，魔笛士上场……从王闿运的历史命运里，可以总结太多的经验教训，既有益于世道人心，又有益于文明的重建新生。只是今人看王闿运，多以一己之见来理解。

这种对历史的谬托知己，单举一例来说，即人们仍以新旧来给人物贴标签。在不少人眼里，王闿运属于旧式人物，属于过时的人物。这种唯新是尚的心理说明咸与维新、与时俱进一类的时髦仍主宰了我们当代，我们社会因此沉淀不下来什么厚重的人物，产生不出深思熟虑的知识产品，我们的历史和现实难以开结

"时间的玫瑰"。

对王闿运的误解还有很多，比如人们把他当作苏秦、张仪一类的纵横家，他自己也说过"纵横计未就"。但实际上如前所述，作为帝王学的传人，他称得上希圣希贤的实践者，他的性格和言行中没有纵横家一类的阴柔、刻毒、自私。相反，他有着对天下苍生的传统仁爱，也有着明清以来的个体自觉，他绝不缺乏对民众个体的关怀。对有心向学的普通人，他的诚恳和易是我们今人多未做到的。一个打铁的张正阳，因为喜欢写诗，而被他待若上宾。这样的故事在当时和后人眼里，只是增加了他作为大名士的名声，今人很难会通这种名士心中真正的人性和文字的尊严。

我在不少地方说过，由于我国现代性启蒙的特殊，使得今人难以做这种古今会通的工作。"五四"前的华夏子民，跟我们似乎是两种人类族群；即使今天批评"五四"中断传统的人，也未能切实地向我们讲明古人、旧人跟我们今人、新人之间的关系。事实上，如果我们诚实，我们应该承认"人同此心，心同此理"不仅在东西之间，也在前人和后人之间。但遗憾的是，人们今天介绍王闿运，多把他当作戏剧化、脸谱化的人物。人们谈论王闿运，有拿这样一个文明或文化的承载者打趣之嫌，或作谈资之无聊。稍微严肃者，也只是把他当作大名士。而少有顾及他与我们今人的意义。流氓帝王师在当代的泛滥，正说明我们没能把王闿运一类的历史人物当作思想资源的恶果。

要知道，一个生前为各路精英瞩目或看重的人，一个死后有当时总统黎元洪亲作神道碑文，湖南、四川等省均致公祭之文的人，一定有他的重量。这种重量绝非恃才傲物的名士所可比拟，这种重量级人物，首先是他的道德文章事功有益于国家社会。用今天的话说，他的人生堪称一国国民的典范，或说，成败不论，成就高低不论，他的人生是一个公民所应努力的人生。用王闿运自己的话说：求友须交真国士，通经还作济时人。

现代人爱把行动、生活跟人类的经典尤其是自家的经典隔离开来，现代人爱更富、更强、更快，现代人总想走捷径、投机取巧，王闿运却是一个认真生活的人。这方面，他的认真精神甚至是后来的章太炎、梁启超都有所不及的。他少年时并不聪明，受到老师激励后，“昕所习者，不成诵不食；夕所诵者，不得解不寝。”到十五岁时，才开始学有所得，终于成为经学大家，即我们现在所说的通儒、大学问家、国学大师。但这个人即使以名士享誉，以趣味为人称道，守身却正大之极，他一生早眠早起，不吸烟喝酒。著书立说也都是自己亲笔抄录，书法凝厚，无一笔苟且，直到晚年的应酬文字都不潦草。

对于学问，王闿运是敬畏的，他要求弟子们不要贪多贪速。因此，他的教育看似迟缓，实则见效快。在人才、文教极匮乏的四川，他出任成都尊经书院院长后，要求学生各治一书，毋贪多，毋不经意。“顺其美，而匡正其不及。暇则习礼，若乡饮投壶之类，三年皆彬彬矣。”于是廖平、戴光治、胡从简、刘子雄、岳森等人才一时称盛，通诸经，皆有师法，“蜀学”为之兴起，流风泽被及今。在长沙，他的教化同样有成就，如杨锐、刘光第、杨度、齐白石等人各开生面。比较起我们当代那些读经、办私塾、办书院的人物，五年十年之久，给我们的印象也只是口号多，主张多，结果少，甚至让人怀疑他们多是“魔笛士”，让自己的学生弟子们脑残……可以说，王闿运足以自傲。那些以新旧论人的人，还好意思说王闿运是旧式人物吗？

王闿运自己其实看出了时世的不同，看出了昔人今人的区别。有人问他，咸丰、同治时代，号称兴盛繁荣，他跟当时一流的人物都打过交道，现在民国了，“今之人才，何如曩日？收拾时局，有其人乎？”王闿运说：“以今视昔，才智殆有过焉。惟昔人做事认真，而今人做事不认真，收拾时局，殆未之信。”这话移用于当代，仍未过时。

这个认真的国民因此在各个领域都能取得成就，他并非曾国藩等人眼中的书生、妄人，他的才学足以随时给当政者捉刀，他有机会结交强人肃顺，所写的文字让咸丰皇帝叹赏。这应该是我国传统文化人的光荣，他们一旦通经明理经世，他们的识见足以代言一个朝政的治道。从苏东坡到王闿运，到清末“最后的状元”张謇，他们都为皇帝、国运、国是……写下了一流的文字，以安慰世道人心。

这个认真的国民的才学因此只是牛刀小试。他写的《湘军志》被称为“文笔高朗，为我国近千年来杂史中第一声色文学”，“是非之公，推唐后良史第一”。他在同光年间主编和定稿的地方志有《桂阳州志》《东安县志》《衡阳县志》《湘潭县志》等多种。这些方志叙述翔实，文笔优美，其中的《山水篇》尤为精彩，描绘景物的风韵不减《水经注》。后人曾评价它们“敛雄才于方纪，纳万变于小篇”，认为“史裁之丽密”超出了同时代著名史家的著作。他的《湘绮楼文集》中多有传世之作，民初汪国垣作《光宣诗坛总录》列他为诗坛头领，冠于一代诗人之首。他的经学著作有《周易说》《尚书笺》《尚书大传补注》《诗经补笺》《礼经笺》《周官笺》《礼记笺》《春秋例表》《春秋公羊传笺》《论语训》《尔雅集解》等十余种，二百多卷。著述之众，用力之深，影响之大，在近代罕见。这些成就，在说明一个通才之国民的人生可能性。

当然，王闿运念兹在兹的更偏于事功。只是时运不济，他佐肃顺无果，劝曾国藩无效，扶丁宝桢有功而未竟全功……实在是他那个时代，文明的历史文本非一人所能书写。那个时代一流的人才济济，皆不能以己意支配时世，就在于文明的转型、新生或重建是一个大于高于个人的共业。这个历史教训今天仍值得当代国人记取。我们万不能以一己之见去判敌我生死，去党同伐异，去逢迎投机或犬儒。这方面，王闿运也是有教训的。比如，他有着我们现代人所说的“知识的自负”，他对第一个出使西方的同乡郭嵩焘不抱同情，反而讥诮。当时的爱国者谩骂郭，甚至要去烧郭在长沙的房子。王闿运未能因此有知识的精进，对郭“中洋毒”的判词跟爱国者的言行不过是五十步笑百步而已。从这方面，正说明一个自负者不再能吸收新的思想资源的可怕；王闿运的教训就在于我们通儒也好、天人也罢，大师高人都必须时刻牢记人的有限性，才会少犯错误。

当然，王闿运虽然有认知上的盲区，但在做人上仍跟一般人拉开了距离，那就是，他坚持了人性人情高于一时一地的道理或势利。比如，对他平生第一个知己朋友肃顺，他一直有着人情人性的真实，肃顺被捕杀，成为时人心中的“敏感”字眼，人们都避之唯恐不及，但王闿运说，“人诋逆臣，我自府主！”人说肃顺是逆臣，是敏感人物，但是对他而言，则为知遇之恩的人。

这个人物因此从未过时，他仍以帝王师般的如炬目光看着时世的变迁，他跟章太炎合作的对联：“民犹是也，国犹是也；总而言之，统而言之”（其后，章太炎在上联后加了“无分南北”四字，在下联后加了“不是东西”四字），今天仍值得我国民深思。

因此，可以说，王闿运的人生可圈可点者极多，他的一生对我们今人仍有意义，他值得我们去学习。尽管我们并不懂得他们的心路历程，但“他们的德行为你难以望其项背，他们的智慧也为你望尘莫及，不是你可以妄自猜度和动辄加以揶揄的”。

## 徐继畬：睁眼看世界

不同文明之间的最初交往如何发生，如何可能？似乎永远是一个谜。人们的交往沟通如何确立“主体间性”，至今仍是从哲学家到平民大众的难题。一般以为文明间的交往，大致会有几个阶段：最初是无功利性的欣赏阶段，其次是功利性的抵拒阶段，最后是化合为我所用阶段。我国文明跟佛教文明的交往就是如此，先是王朝的上层社会对佛教的欣赏，以为西方圣人释迦牟尼所说，跟我们的圣人孔老夫子所说相似；然后就进入冲突，“沙门不拜王者”，朝廷和儒生先后灭佛辟佛；最后到宋朝，宋人援佛入儒，创理学，为我所用。我国文明跟基督教文明的碰撞，似乎也有这样的阶段，不过，由于基督教文明进入我国方式的特别及其至今的强势，使得我们对基督教文明的态度，欣赏和敌拒混杂在一起，已经一百多年，仍未能进入融合的阶段。而最初抱着欣赏态度的国人，其人生命运之复杂也就不言而喻了。

一百多年前，徐继畬因为做福建巡抚而有了了解西方的机会。他的欣赏了解西方，是办洋务，跟洋人打交道时，不耻下问问出来的。他著书《瀛寰志略》。后人称说，清朝以后国人的思想，较之明朝徐光启、李之藻的世界眼光后退多多，又退回到了《中国论》和《华夷图》时代，从顾炎武的《天下郡国利病书》到魏源的《海国图志》，都没有走出天下观和《华夷图》的视野，只是到了徐继畬，才开始走向世界，从天下观走到了地缘政治，从朝贡国家体系走进了民族国家体系。

徐继畬的书比较系统、详细地介绍了世界近八十个国家和地区的地理位置、历史变迁和经济文化、风土人情等，特别是对于中国人很少了解的南美洲、大洋洲及非洲都有所记叙，而对亚洲、欧洲和北美洲的介绍尤为详细，每个欧洲国家的面积、人口、财政收入和陆军、海军规模都有具体数字介绍。徐称赞欧洲诸国“长于制器，金木之工，精巧不可思议；运用水火，尤为奇妙，火器创自中国，彼土仿而为之，益加精妙。铸造之工，施放之敏，殆所独擅。造舟尤极奥妙。篷索器具，无一不精。测量海道，处处志其浅深，不失尺寸。越七万里而至于中土，非偶然也。”在书中，徐继畬还介绍了英、美、法、俄、瑞士等国的选举制、议会制和立宪制，对于议会的组成、职权范围等，都作了较详细的叙述。他指出，实行议会制是欧洲各国的共同体制，

"不独英吉利也"。徐对欧洲国家的先进文明多有赞扬，如称赞瑞士"国无苛政，风俗简朴淳良，数百年不见兵革"，是"西土之桃花源"。

尽管徐为了"中国国情"，在书中做了不少妥协，包括在引言中写道："坤舆大地，以中国为主。"但徐书在当时人眼里，仍不被理解。这书一问世，就招来了一片非议，他的好朋友也批评他失了"夷夏之大防"，混淆了内外有别的"春秋大义"。他的政敌，包括林则徐一派，则断章取义，以他书中论日耳曼联邦有"西方王气方兴未艾"之语，而欲将其置于死地。就连曾国藩，也说他的书"颇张大英夷"，而不以为然。徐"遂而负谤至今"。他的命运可想而知，"称颂夷人，献媚夷酋"，丢官不说，书也被毁，不让出版。

《瀛寰志略》问世后，虽然在国内被禁，却在日本被一再翻刻，普及至一般读书人之中，于其明治维新，大有助焉。二十年后，随着洋务运动的兴起，《瀛寰志略》在国内的地位开始提升，总理衙门重印《瀛寰志略》，"中外（指京师与地方）奉为指南"。他的老朋友郭嵩焘，初读《瀛寰志略》，也觉得徐继畬赞美西方言过其实，刻意夸大其词，后来他出使欧洲，方知其言非虚，遂叹曰："徐先生未历西土，所言乃确实如是，且早吾辈二十余年，非深识远谋加人一等乎？"康有为、梁启超、丁日昌、薛福成等主要维新人物，都从《瀛寰志略》中接受了新的世界观。可以说，19世纪我国后半世纪的思想家们都从中受益。作为变革维新的微妙宣言，它为洋务运动、维新运动奠定了根本的思想基础。

徐继畬对西方文明的欣赏是显而易见的，如前所说，他的欣赏仍得以我们文明中的理想状态相参照。在书中，徐继畬告诉国人，地球的另一边，有一个与中国完全不同的世界。他以赞美的笔触写道：乾隆四十七年，华盛顿立国，“谢兵柄，欲归田，众不肯舍，坚推立国主”；但华盛顿却认为“得国而传子孙是私也”，“当择有德者为之”。“其总统以四年为任满，再任则八年耳”。徐告诉国人，只需有“德”，美国的任何一位平民皆可能被推选为“国主”。而中国世代“得国而传子孙，是私也”。徐继畬认为，美国国家政治的民主共和制虽属原创，却与中国“三代”政治中的“禅让”“天下为公”等古道不谋而合，西方民主制度之内涵“符合孔子遗意”。徐还预言说，美国所实行之“世法”，“必传于世无疑”，因其所代表的是世界发展的必然大趋势。曾国藩后来深受徐继畬的影响，他在南京专门修建了三间大房子，摆设地球的巨大模型，他通过《瀛寰志略》了解美国。据说，徐继畬对美国的评价感动了他，将美国理想与三代之治联系起来，曾国藩认为这样的评价很真诚。

1840年，美国政府决定建造华盛顿纪念碑，并向全世界广征纪念物。当美国政府向中国征集相关的纪念物时，由于我国的封闭和国中人士视野之狭窄，竟无相关可用之物，美国政府颇为失望。当是时，丁韪良在与徐继畬的朋友张斯桂交往中，得知徐对华盛顿不仅非常了解，且发表过相关评论。于是，他购得上等石料制碑，并通过张斯桂得到原文，汉字碑乃成。1853年，此碑漂洋过海到达美国，赠予美国华盛顿纪念馆。碑文文字：“华盛顿，异人也。起事勇于胜广，割据雄于曹刘，既已提三尺剑，开疆万里，乃不僭位号，不传子孙，而创为推举之法，几于天下为公，骎骎乎三代之遗意。其治国崇让善俗，不尚武功，亦迥与诸国异。余尝见其画像，气貌雄毅绝伦，呜呼，可不谓人杰矣哉！米利坚合众国以为国，幅员万里，不设王侯之号，不循世及之规，公器付之公论，创古今未有之局，一何奇也！泰西古今人物，能不以华盛顿为称首哉！”

1862年，美国传教士伯驾将碑文译成英文后发表，使徐继畬的言论事迹在美国传开。1867年10月21日，美国第十七任总统安德鲁·约翰逊和国务卿西沃德，特请著名画家普拉特摹制斯图尔特所画华盛顿肖像一幅，由驻华公使蒲安臣代表美国政府赠送徐继畬，并举行了隆重的赠予仪式。蒲安臣公使致辞说：“华盛顿‘与中国人民一样，坚信世界上每个人都能呼吸自由的空气；与中国人民一样，坚持孔子在二千三百年前就提出的一个原则：己所不欲，勿施于人。’”“二十年前，你出版了一部关于各国历史地理的著作。在这部著作中，倾注了你大量的劳动，正确的判断，以及你们国家的了不起的学问。你考察了各个国家的伟大人物，却把华盛顿置于一切伟人之首。你对华盛顿的评价，已经被充满感激之情的美国人民们所翻译和引用。为了表达谢忱，总统特地让国务卿请一位卓越的艺术家，制作了这幅画像。今天，我以美国人民的名义，带着一切美好的祝愿，赠送这两幅画像。”蒲安臣还说道，“盖为我国之民所敬仰而深慕者，独有兄台一人而已！”

徐继畬的答辞是：“覆迳启者：昨读琅函，猥承奖誉，并以贵国开国之华盛顿绘像见赠，展观具见雅仪，欣羡之余，弥殷钦佩。因思贵国中华盛顿首建奇勋，创为世法，以成继往开来之功，其必传于世无疑也。专覆并谢，即颂吉祉。”从英文回译的大意是：“您对我的高度赞扬，使我深深感到自己其实难副。当我一遍又一遍地端详着这件精美的赠品的时候，华盛顿，仿佛就出现在我的面前，我的喜悦和感激之情，竟一时难以言表。在奠定贵国的基础方面，华盛顿显示出惊人的能力。他已成为全人类的典范和导师。他的贤德，已经成为联结古代圣贤和他以后各代伟人的一条纽带，因此，他必将永远活在人们心中。”

1868年3月29日，《纽约时报》刊登重要评论，论述徐继畬因研究科学被撤职，并遭到皇帝放逐，长达十八年。其科研成果是一部世界地志专著，名《瀛寰志略》，从此“中国历史悠久的地志体系，被这位东方伽利略改革了……对中国人来说，研究夷人历史，肯定险象环生，而这位地理学家，正直勇敢，不怕重蹈伽利略的覆辙”。

1998年6月25日至7月3日，美国总统克林顿访问我国。6月29日，他在北京大学发表演讲。在谈到中美关系时，克林顿提到了一个插曲。他说："从我在华盛顿特区住所的白宫往窗外眺望，我们首任总统乔治·华盛顿的纪念碑高耸入云，这是一座很高的方尖碑，但就在这个大碑上有一个小石碑，上面刻着赞颂美利坚的话语：美利坚'不设王侯之号，不循世袭之规，公器付之公论，创古今未有之局，一何奇也'。这话并非出自美国人之口，而是由中国福建巡抚徐继畬所写。1853年，中国政府将它作为礼物赠送给我国，我十分感谢这份来自中国的礼物。"克林顿还表示，这块汉字碑是"一百五十年前美中两国沟通交往的见证"。

# 严　复：新知旧法之间

严复是我国近代最重要的启蒙思想家之一。很多人受他的影响，寻求新知，寻求中国和个人的新生，他自己的生活却坎坷不顺。很多人痛惜他的怀才不遇，但严复独特的一生贡献给世人的，教训意义远大于启蒙意义。

1871年，严复以最优等的成绩从马江船政学堂毕业，派在“建威”帆船任练习生。这一年我国船政局自制的“扬武”军舰下水，严复调到该舰练习，遍历国内及日本各重要口岸。1877年被派遣赴英留学，1879年学成回国，在福州船政学堂任教习。1880年，李鸿章在天津创办北洋水师学堂，调严复任学堂总教习（相当于今之教务长）。

严复的留英同学中，外人伊藤博文学成回国后得到重用，一举改变了日本的现代化进程；同胞刘步蟾、方伯谦、林泰曾、萨镇冰等人也逐渐成为北洋海军栋梁，但他自己却仕途不顺。原因跟他急于用世却不谙韬晦，好逞口舌之快，时有激烈言辞，为时人所侧目有关。他的思维超前且喜议论，使得了解他的李鸿章"患其激烈，不之近也"。除此性格缺陷，他的私德也不"严"可议之处。他意志消沉即吸食鸦片烟，李鸿章得知诚恳相劝："汝如此人才，吃烟岂不可惜！此后当仰体吾意，想出法子革去。"

但是严复并没有"革去"此不良嗜好，反而通常是一日三遍，而且抽得十分讲究，要专门从上海购买上好的烟膏，他的书信中就有许多嘱其妻从上海购买烟膏的记录。严复吸鸦片一直持续到晚年，他1919年曾写道："以年老之人，鸦片不复吸食，筋肉酸楚，殆不可任，夜间非服药不能睡。嗟夫，可谓苦已！恨早不知此物为害真相，致有此患，若早知之，虽曰仙丹，吾不近也。寄语一切世间男女少壮人，鸦片切不可近。世间如有魔鬼，则此物是耳。若吾言之，可作一本书也。"这种沉痛之言出于一生的教训。他的私德不谨使得他无法面对社会的压力，他在安庆学堂受到攻击，后来教育部要他辞去北大校长时，"吸鸦片"都是其中的一条理由。

这样的严复不可避免地跟李鸿章疏远了。他在水师学堂后期的家书中屡屡抱怨："自来津以后，诸事虽无不佳，亦无甚好处。公事一切，仍是有人掣肘，不得自在施行"，"在北洋当差，味同嚼蜡”，以至悲叹“四十不官拥臬比，男儿怀抱谁人知？”曾纪泽说严复处世有“狂傲矜张之气”。为谋出路，严复曾寄望于科举，也曾与友人共同投资河南一煤矿，寻求经济富足，甚或萌生“舍北就南”，转投张之洞麾下的欲念。

这种偏激的个性担当了为同胞开智启蒙的大任，自然执于偏见而不自知。孙中山在当时认为，中国之进步，唯有全民革命一途，他希望能够与精英分子合作，同其志。当蜚声海内外的大翻译家严复到伦敦逗留时，孙文正在北美，他风尘仆仆地赶到伦敦，劝说严复支持革命。但严复表示：“中国民品之劣，民智之卑，即有改革，害之除于甲者，将见于乙，泯于丙者，将发于丁，为今之计，唯急从教育上着手，庶几逐渐更新乎！”孙因此回答了那有名的话：“俟河之清，人寿几何？君为思想家，鄙人乃执行家也。”我们看英美革命、法国革命，都可以看到启蒙思想为革命开辟了道路。但我们于此段历史公案可知，中国近代革命的先天不足，思想家跟执行家并不一致。

严复的思想偏激还表现在他的性命无归，他在激进和保守两极跳跃。他年轻时不相信政府的改革，常对人说：“不三十年，藩属且尽，缳我如老牸牛耳。”中法战争后，严复更不相信洋务派的“新政”设施能够“富国自强”，对洋务运动非常不满。李鸿章也因他的激进而疏远他。到清政府快要覆亡时，为了笼络社会名人，1909年，清廷赐给严复文科进士出身；1910年，海军部特授他协都统，又征为资政院议员；1911年，授海军一等参谋官。严复长子严璩也升到二品衔的高官。一家与清廷的关系密切起来后，他对革命就持否定态度。辛亥革命以后，他怀念清王朝，常常发表言论，诋毁革命，认为中国人的“识度不适于共和”。

顺理成章地，他参加了杨度等人组织的“筹安会”，鼓吹复辟帝制，为袁世凯做皇帝开辟道路。“五四”运动时，他对儿女们提出青年不要过问政治。在《书示子璇四十韵》诗中云：“内政与外交，主者所宿留；就言匹夫责，事岂关童幼。”他说“五四”运动是“举国方饮狂，昌披等桀纣”，斥之为猖狂的举动。

严复于1921年去世。他的遗嘱除对财产作了分配外，并以三事敦嘱家人：一、中国必不灭，旧法可损益，而必不可叛；二、新知无尽，真理无穷，人生一世，宜励业益知；三、两害相权，己轻群重，等语。据闻他生前经常与人谈道：“老夫年将七十，暮年观道，十之八九殆与前不同。以为吾国旧法断断不可厚非。”并说，“吾垂老亲见七年的民国，与欧洲四年亘古未有之血战，觉欧人三百年之进化，只做到‘利己杀人、寡廉鲜耻’八个大字。”

由此可知，严复的启蒙思想家一职实在要大打折扣。他一生的性命在新知旧法之间摇摆，而不知开辟中国的新生，也无这种启蒙的自觉。

# 蒋光慈：当文学遇到革命

讲中国现代文学史，很难绕开蒋光慈，但蒋的作品，跟今天明星作家的作品是惊人的一致，流行一时，事后不堪卒读。但我们也许有把握地说，今天的明星作家们未必有蒋光慈的幸运，能在文学史上占据一席位置。这是一个很有意思的文学或历史现象。

蒋光慈是安徽六安人，1901年出生于安徽霍丘白塔畈（现属金寨县）。他本名蒋如恒，十五岁在固始中学就读时，对校长刘春节欺凌贫苦学生的行为极为不满，狠揍了校长一顿，因而被开除，转入芜湖五中，语文老师是后来的革命党人高语罕，他给高语罕的印象是读完《儒林外史》后能背诵其中有关家乡的章回。蒋因能力突出，被推选为该校学生自治会副主席。十八岁时，自号蒋侠生，“我所以自号‘侠生’，将来一定做个侠客杀尽这些贪官污吏。”北洋军阀政府时期，愤而想当和尚，改为“侠僧”，“我当和尚，也还是做个侠客杀人。”

年轻的蒋光慈热爱写作，憧憬爱情。1919年，河南省部分青年以省立二中学生曹靖华为核心，组织了青年学会，宋若瑜成为该会唯一女性，该会会刊为《青年》。远在芜湖的蒋光慈从同学处了解到青年学会，积极为《青年》写稿，并成为该会外省籍会员。他发表在《青年》第四、五期上的《谈李超传》《我对于自杀的意见》二篇气势磅礴的文章，深深吸引了宋若瑜。1920年初夏，她向蒋光慈发出了第一封信，蒋光慈立即回信，长达六年的通信就这样开始了。接到宋若瑜的信后不久，蒋光慈与曹靖华在上海相遇，他向曹靖华打听了宋若瑜的情况。有才女的交流，充满朝气、理想的年轻人自然不会堕入俗流。

在上海，蒋光慈跟曹靖华一同进入共产国际开办的“外国语学社”学习俄语，随后就与刘少奇、任弼时一起赴莫斯科东方共产主义劳动大学学习。1922年，他由社会主义青年团转为中共党员，第一次署名蒋光慈，以示倾向革命。他写了不少政治抒情诗，如《中国劳动歌》《哭列宁》《哀中国》，这些诗歌形象不足，诗意缺乏，如他自己所说：“我知道我的诗同我自己本身一样，太政治化了，太社会化了。”他自知又无畏地借用诗歌抒情，“我的诗要歌吟着民众的悲欢，纵然我是漂泊、颠连，但是我的心愿永不变。”

1924年，蒋光慈留苏三年后回国，即开始在文坛上大声疾呼无产阶级革命文学："现代的文化是阶级的文化！""谁个能够将现实的缺点、罪恶、黑暗……痛痛快快地写将出来，谁个能够高喊着人们向这缺点、罪恶、黑暗……奋斗，则他就是革命的文学家，他的作品就是革命的文学。"1925年，他的诗集《新梦》发表，钱杏村对此评价道，"中国最先的一部革命的诗集"，"简直可以说是中国革命文学的开山祖"。而下这一评论的钱杏村，当时是不到二十岁的少年，今天他的这一评语已成为文学史最常引证的结论。

这个集"五四"青年和文学青年于一身的革命者并非愣头青式的人物，而是有着行为艺术式的表达习惯。大革命失败后，为避文字狱，他又改为蒋光慈。让严正的人们看来如同儿戏，鲁迅就很不以为然，有时称他为蒋光X，或蒋光Y，蒋光Z。（"大革命你叫蒋光慈，红得很，革命落潮你叫蒋光慈。我还记得请你手下留情，那么以后你叫什么呢？干脆我替你操心，你就叫蒋光X吧。"）

蒋光慈的诗歌完全是诠释性的。在他的诗中，愤青、小资和共产主义的意识形态结合在一起，他写光明就全是美好的，美的，新鲜的。"鲜艳的红花，娇滴的绿柳。"（《梦中的疑境》）红军士兵"放下枪头，拿起锄头；从枪头上得了自由，从锄头上要栽培这自由"。（《一个从红军退伍归农的兵士》）他理想的世界是没有压迫，没有剥削，不分贫贱和富贵，不分城市和农村，到处是鸟语花香，阳光灿烂，生活像诗一样美。但这一切都表现得夸张，跟今天的网络文学或说学生作文大同小异，他说，我们的祖国本来“怀拥着无限美丽的天然”，身上“排列着许多蜿蜒的江河”，“耸峙着许多郁秀的山岳”，但是现在呢，“江河只流着很呜咽的悲音，山岳的颜色更惨淡而寥落！”

蒋光慈呼唤革命，只有革命才能解救祖国，才能荡涤母亲身上的污垢。他满怀激情为家乡的农民运动唱赞歌。革命使过去的奴隶变成了主人，掌握了命运，儿时的穷朋友黄牛“现在做了农民协会的执委”，“变成了穷人的大哥”（《乡情》）。他又歌颂工人领袖刘华“是上帝的叛徒，黑暗的劲敌！”他“有领袖的天才，指挥的能力”（《在黑夜里》）。更加可贵的是，写于“五卅”当时的《血花的爆裂》和写于“五卅”周年的《血祭》，作者强调了暴力革命，“顶好敌人以机关枪打来，我们以机关枪打去！”这些口号诗让他一时暴得大名。

比起诗歌来，他的小说创作艺术性更差。1925年4月中旬，蒋光慈到中共北方局工作，被李大钊分配去冯玉祥部担任苏联顾问的翻译，经常往来于北京、张家口之间。也在这一年，他开始转向小说创作。他写了《鸭绿江上》《少年漂泊者》《纪念碑》《野祭》《菊芬》《最后的微笑》《丽莎的哀怨》等小说。他的人和小说都显得别扭，他提供大众文学，却有着无可救药的小资情调。蒋光慈常为自己的作品得不到理解发牢骚，他说：“外国作家常得女读者来信赞赏，但中国女读者从不晓得写信给作家。”人们对他的印象是：“头戴一顶陈旧的阔边毡帽，那顶毡帽低低地几乎压近眉棱上，他的面目虽然还相当清秀，两只眼睛却炯炯有光，老对着向他迎面而来的人，放着警戒性的光芒。他的两手，分插在大衣的两只袋里。那件大衣跟他的帽子一样陈旧，不但陈旧，而且似乎有些地方还发着油光的样子，显然是有些地方的绒毛早已脱落了。但是他那副神气，却带着浓重的绅士气派。”他的小说，属于穷作家的穷讲究，用时人的评论，是“喝‘上海咖啡’而提倡大众文学”，那种小说“对于描写无知无识的人，而满口都是大学教授的文绉绉语气”，自然为人看不入眼。

这位“中国无产阶级革命文学的第一名先行者、开拓者”，其作品在当时并不受文学界重视，甚至遭到文学同人们的鄙视，也不为读者们青睐。他的革命小说出版，革命者中几乎没有人看。陈独秀翻一翻《少年漂泊者》，说道：“虽是热天，我的毛管也要竖起的。”瞿秋白感叹：“这个人太没有天才。”文学史家们同样不得不又轻看他：“蒋光慈的作品，一般地说，在艺术表现上是比较粗糙的……”（《中国新文化史初稿》，刘绶松）。只有他最后的一部作品《咆哮了的土地》算是得到了同情的承认：“《咆哮了的土地》是蒋光慈开始趋于成熟的一部作品……作品在艺术上也有很大进展，宣泄式的叫喊已减少，更多是客观细致的描写。”（《中国现代文学史》）

但即使如此，不到三十岁的蒋光慈积累的文学资历已经足够让人称其为“老作家”了。黄药眠回忆说：“每天到创造社出版部来吃饭的人倒有好几个。其中之一就是蒋光慈，他在许多老一辈作家当中，是最为平易近人的了。记得我到上海的第二个晚上，饭后，他就带我去逛上海‘大世界’。”

作为党员作家，蒋光慈的革命文学跟革命活动都让年轻人不满意。那时的革命活动跟后来法国红色风暴类似，又跟当代的年轻人的集体活动类似。黄药眠回忆的革命活动中，尤其经常开展的飞行集会就跟今天的“快闪一族”完全一样，只不过今天的“快闪一族”人手一部手机参与，跟飞行集会有各自的时代技术特征。所谓飞行集会就是事先约定一定的时间、地点，到上海马路上某一处人多的地方集合。每人携带一批传单，在约定的时间前五至十分钟，就到指定地点附近走来走去。……时间一到，就以放爆竹为号，大家立即就集合在一起，大呼口号，如“打倒国民党！”“共产党万岁！”等等，同时散发传单。有些人手里拿有砖头，就去砸破公共汽车的玻璃窗。这样一来，很快就有外国租界的巡捕房出动警察、印度骑兵赶冲过来。于是大家就分散。……至于蒋光慈，他总是在约定时间快到时才来，穿着西装，还带着一个漂亮姑娘，拿着手提包。马队一来，他和那个摩登姑娘就双双溜进咖啡店里去就座了。这样，当然巡捕也就抓不到他，当时基层单位的党员们，对他这个表现很不满意，说他不是来参加集会的，而是带女朋友来喝咖啡、看热闹的。

但当时的中国是一个剧变急烈的社会，两三年之间，蒋光慈就时来运转。1927年大革命失败后，平民大众的文学反而抬头，到1928年、1929年，普罗文学占据了文坛主流。蒋光慈于1929年东渡日本治疗肺病时写的《冲出云围的月亮》，仅在出版当年，就重版了六次。书店老板为着赚钱，也常改头换面再版蒋光慈的旧作。例如，将《少年漂泊者》改为《一封长信》，《鸭绿江上》改为《李孟汉与云姑》等。这跟当代的出版状况仍然相似，历史经常在这些细节上重复，虽然拙劣，但管用。

我国社会乃是风教之国，社会大众并没有多少定力，没有足够的认知能力，总是受时代氛围影响。大革命失败后的挫败感一旦主导了年轻人的心智，那种宣泄性作品就成为读者的安慰。蒋光慈像一个笨拙的江湖医生，误打误撞地撞开了当时中国青年们的心扉，革命、爱情、理想等成为他小说中的主要元素。因此，尽管他的叙事能力有限，他的小说仍打动了广大读者。

穷愤青一时阔了起来。蒋光慈是大方义气的，有钱大家花。亚东书局的人说："往往当我们把版税算给他的时候，他就这么说：'这么多钱，怎么用得了，吃、吃、吃，大家吃！'"对有困难的朋友，他常常就是五十、一百地救济。还有过这样的情况，一个朋友的夫人说家里经济困难，向他要了一百块钱，却用它买了一件皮大衣，穿出去大出风头。一次，一个同志刚出狱，没衣服穿，阿英问蒋光慈有没有衣服。蒋光慈二话没说打开衣橱，便把他那张流传甚广的照片上所穿的那件西服送给了他。当阿英发现口袋里还有二十块钱时，蒋光慈马上说："那好，二十块钱也送给他用。”

蒋光慈的赤子之心总是没有得到多少好报，他的好运总是短暂的。作品的蹿红很快又被政治打压下去了，他的赤子个性也被革命否定了。1930年5月，蒋光慈主编的《拓荒者》被当局查禁，他的肺病同时也恶化了。他搬到上海法租界里养病。法租界是当时上海的高级住宅区，也是最优美的风景区，环龙路的附近就是法国公园（复兴公园）。每天早上，他喝完美国房东派给的牛奶、可可茶、奶油汤后就一个人去法国公园，边散步、边继续构思《咆哮了的土地》的后半部分，这部长篇小说的前十三章已在《拓荒者》第一卷第三期及第四、第五期合刊上发表。那时的蒋光慈西装革履，手中执着一根司的克，他本来就身材高大，戴着一副细边的近视眼镜，显得绅士派头十足，现在看上去更像是一个高级华人了。

但党却需要他做出贡献，需要他提供开会的场所。1930年秋，蒋光慈反对在他的住处开会，并强调“一个屋子，本来可以写作的，往往一开会就开倒了……”过了几天，左联党组的负责人就对蒋光慈说：“写作不算工作，要到南京路上去暴动！”蒋光慈为此递交了“退党书”。10月20日，在中共的《红旗日报》上，发表了“蒋光慈是反革命，被开除党籍”的消息。除了其不愿服从纪律，参加组织生活之外，其中一项指责就是他贪图版税，丧失立场，靠着丰厚的稿费过着资产阶级生活方式。文学史家夏志清说：他确实是最早一个卖文为生的共产党作家，同时也是那时期的一个最多产的作家。

他的小资产阶级意识也表现在革命爱情上。他跟宋若瑜的两地相爱，六年通信，经历了种种坎坷，终于生活在一起，已经是1925年的事了。蒋光慈回忆说：“在法国公园里，我和若瑜并肩坐在荷花池边，互相依偎着，向那欢欣、圆满而晶莹的明月望去，两人默然不语，如被幸福的酒浆所溶解似的，恍惚升入仙境。”不幸的是，1926年，宋一病不起，婚后仅一个月，宋若瑜的肺病就复发了，甚至出现头昏休克，蒋光慈四处求医，一度到庐山疗养，到年底，年仅二十三岁的宋病逝。



自宋若瑜死后，这位“革命加恋爱”小说写作模式的创始人，对爱情已心灰意懒，对现实革命的幻灭感也日益加深。就是在这样向往生活安定的情况下，他远离了革命同志。1929年，当他刚从日本回国，就找到南国社主任田汉说，“我需要一个爱人”，于是，田汉把南国社的演员吴似鸿介绍给了他。两星期后，从不喝酒的蒋光慈喝了一点酒后，兴奋地对吴似鸿说道：“我现在是非爱你不可了。”第二天，便叫上一辆出租车开到吴似鸿的学校里，把她的行李一股脑儿地塞上车子，拉上吴似鸿就去他的家里。当晚，俩人同居。这种事跟网络时代的青年同居生活相仿。

他自己被党开除，但他仍有创作激情，1930年11月，他的小说《咆哮了的土地》脱稿。这是蒋光慈的最后一部作品，也是在他艺术成就上屡遭蔑视与非难之后，文学史上获得评价最高的一部作品。正当人们对他的前途充满乐观估计时，《咆哮了的土地》遭到查封。紧接着，蒋光慈的几乎所有著作也都被国民政府当局以“普罗文艺”“宣传阶级斗争煽惑暴动”等罪名通令查禁。文学遭遇了政治，左翼作家们遭到了打压。蒋的作品被查禁后，与各个书局结算版税，总共是一千多元，生活变得日益拮据起来。

蒋光慈不仅有肺病、肺结核二期，在医院里，还查出了肠结核。在当时，肠结核是一种绝症。现在，等死的蒋光慈只有饱受痛苦，或依靠注射吗啡来减轻一下。有时实在痛苦极了，蒋光慈就呼喊道：“啊！痛苦啊！”吴似鸿问他：“你怎样痛苦呢？”他喊道：“人间所有的痛苦，都在我身上呀！”他对来看他的朋友说，“我要光明啊，我要太阳！”据说，临死之前，一向不起来的他，突然要求坐起，医生叫护士拿来一个床架，支在他的背后。蒋光慈上半身靠着床架，用一块白被单围在前面，露出宽大的肩膀。整个脸看上去就像个武士，两只眼睛睁得很大，很亮，亮得像两颗电珠，发出奇异的光彩，直射着前方，大笑起来……

这个无根的革命文学青年，赤条条地来去。他死于1931年，年仅三十岁。他跟任何大的政治、文学的势力无关，他只是拙朴地表达了个人的经验感受。1957年，他的家乡政府追认他为革命烈士。他的文学创作只有编年史或革命史的意义，幸而不幸的是，由他这样的青年来实践了革命文学。如同今天，大多数国民的生存状态仍在当代文学的视野之外一样；当时无数的作家、诗人对大众生活或视而不见，或写来做一二装饰，只有蒋光慈和少数人坚执于社会公正、理想苦闷的表达，这使得他成为“无产阶级革命文学”最坚实的奠基者之一。因此，无论他的文学成就如何，他给予了既有文学秩序以新的可能性。革命史和文学史对他双重的纪念，正是对他的赤子之心最好的回报。

一个时代的文学状态多是世俗的、众声喧哗的。除非管制极严，发表被审查，一切显得稳定、有序，文学完全成为宣传工具，或帮忙帮闲的产物；否则，文学世界总是应和社会问题，百葩怒放、争奇斗艳，长江后浪推前浪，相推波澜。这种世俗性在相当意义上是人人可以参与的言论表达，只有事后才能赋予其时的文学世界以秩序，参与其中的文学家们无论自觉与否，历史最终以正义的尺度来重估他们努力的价值。

回头看我们的现代文学，一般的意见总是认为它们的质量参差不齐，总体水平不高，文坛混乱，虽然你方唱罢我登场，各领风骚三五年，但没有什么经典作品。文学是人学，我们看到，经时间的淘洗，现代文学史上的参与者们并没有取得多少个性鲜明、德性突出、情性高洁的人格成就，人流逝而无能留下来成为历史人物，作品当然也难以留下来成为经典。在少有经典的现代文学史上，只有少数幸运儿为社会长久地记忆。这里既有历史的逻辑，又有文学的逻辑。

现代史的文学状态跟市场、网络冲击下的当代文学状态类似，它们都以加速度来推陈出新。甚至可以说，在相当大的程度上，当代文学还没有达到现代史上的自由状态。当代文学的爱好者和参与者们还没有自由状态下对文学的认知，当代文学的势利性更为明显，当我们纪念蒋光慈时，会对这一现象有更深的理解。蒋光慈在文学精英们的重重压力和鄙视下，仍冲决而出，执意地表达自己的一得之见，并且很快获得了“老作家”那样的成名英雄的待遇，这在当代青年中都是少见的。

# 闻一多：多面真名士

我国的现代史是一部一言难尽的历史。它类似于文艺复兴时期的欧洲，但不同于文艺复兴的是，它比当时的欧洲多了一种政治的底色。它成也政治，用罗素的话说，当时的中国是“世界上最自由的国家”，那种混乱的自由给了我们中国人充分发扬个性的天地；它败也政治，我国社会虽然出现了精彩的人物，但时代未必需要那些人物，用恩格斯的话说，那是一个不需要巨人却出现了巨人的时代，巨人们因此无一例外地成就了悲喜剧而已。康梁孙黄、陈胡鲁蔡……这些至今仍在影响我们生活的人物是不用说了，就是那些“二线人物”，从人性的角度看，无一不是我们民族的巨人。但很遗憾，时代不需要巨人，时代需要的是“力”，是组织，是政党，是意识形态。因此，巨人的出现在时代社会里掀不起浪花来，甚至由于意识形态的错觉，使得多数人到今天仍未能认识到我们历史巨人们的功德，他们的成就和人格的丰富。在这些人中间，闻一多先生就是一个典型的案例。

今天的人们对闻一多的理解是极为肤浅的。他是个诗人，是个学者，是一个治学后期钻入故纸堆的人物，如此而已。这种贴标签的做法，甚至简单到称闻一多是一个爱国主义诗人，就觉得很对得起闻一多了。

实际上，闻一多是极为复杂的。除去他的爱国，除去他的诗歌，他的关怀是极有个性的。这种个性甚至使他的爱国或诗歌大不同于我们通常理解的爱国或诗歌，那确实是一种巨人式的言行事功。举例而言，闻一多的诗给人的印象多是一团火，是一个拍案而起的学者，是一个敢于斗争的战士，“有一句话说出来就是祸，有一句话它点得着火”……但实际上，他也有大量的温情的、婉约的诗篇，如“忘记她，就像忘记一朵花”，等等。

对个人生活，闻一多也不像前辈们那样畏首畏尾，要么听从父母，要么叛逆得让父母难堪，闻是走出了一条新路，或者说是一条活路。父母为他在乡下娶妻，他心里虽然不满，但怨愤发泄完了，叛逆的情绪宣泄够了，他还是尊重礼法，服膺传统，仅以“必须改造他那乡间的新婚妻子”，作为他不得不维系这桩非心甘情愿婚姻的条件。他跟父母说：“……我为大人牺牲，是我应当并且心愿的，如今唯敢求于俩大人者，只此让我妇早归求学一事耳。大人爱子心切，当不致藐视此情也……如俩大人必固执俗思，我敢倡不孝之名，谓俩大人为麻木不仁也！”

对友谊，闻一多也是坚持了一种直道。四十年代初，他对“天天骂民国、天天要民主、更要官做”的老同学罗隆基正言厉色地指责说：“历来干禄之阶，不外有二途。一曰正取，一曰逆取。胁肩谄笑，阿世取容，卖身投靠，扶摇直上者，谓之正取；危言耸听，哗众取宠，比周谩侮，希图幸进者，谓之逆取。足下盖逆取者也。”但闻跟同学的交往中也能见出趣味来，他跟罗隆基、潘光旦是同学。有一次潘光旦批评罗隆基的文字不通，罗生气地说：“我的文章怎会不通，我父亲是举人。”潘马上回答：“你父亲是举人算得了什么，我父亲是翰林！”闻笑着对人说：“你看他们够多么封建！”



闻的热血、耿直似乎遮蔽了他的丰富，但实际上，透过他生活的一些细节，我们可以了解，他并不是一个传统文化中所谓的狂狷之士。他对人对事是有一种理性的态度的。据他的学生回忆，闻一多身穿黑色长袍昂然走进教室，先掏出烟盒向学生笑问：“哪位吸？”学生们笑而不接，他就自己点了一支，电灯光下烟雾缭绕，拖长声音念上一句：“痛——饮——酒，——熟——读——离——骚——方得为真——名——士！”这才开始讲课。但这种态度比起他对理性的尊重来，实在不算什么的。陈梦家是闻一多的学生，同样不修边幅，二人相处颇为相得。有一次，闻写一短简给陈，称之为“梦家吾弟”，陈回称他为“一多吾兄”，闻一多大怒，把他大训了一顿。这种训斥，不仅是一种礼节方面的不肯假借，而且是一种人生的健康态度。

闻是爱国的，但他的爱国又远不同于大而无当、华而不实的爱国。他的爱国是具体的，又是显得书生气的，然而在涤荡历史的尘埃之后，可以看到他的爱国更有责任性、更有理性。“九一八”之后，中共在苏共命令下发动“学生抗日爱国运动”。闻一多反对学生罢课，指斥所谓的学运积极分子，甚至要求学校开除他们的学籍。西安事变爆发时，清华大学的教授一致反对，闻一多的态度犹为鲜明。他与朱自清、冯友兰、张奚若、吴有训、陈岱孙、萧公权等人，发布了“清华大学教授会为张学良叛变事声明”。平日在课堂上从不讲多余之言的闻，此时抛开讲义，怒气冲冲地说：“真是胡闹，国家的元首也可以武装劫持！一个带兵的军人，也可以称兵叛乱！这还成何国家？国家绝不容许你们破坏！领袖绝不容许你们妄加伤害！”

另一个大名士刘文典跟闻一多同事，但在西南联大时，刘文典一度长期离校，给云南地方豪商做墨客。闻一多依例解聘了刘文典，很多人来为刘文典求情，有人说刘文典抗日爱国、大节不亏一类话，闻一多勃然动怒：“难道不当汉奸就可以擅离职守，不负教学责任吗？”刘文典因此离开了西南联大。这就是闻一多的为人认真处。

闻一多说过：“秩序不在我的能力之内。”但是他对中国文化仍有秩序化的雄心。抗战初期，在云南的西南联大教书时，闻一多治学刻苦，除上课外平日很少下楼，以至友人皆劝其“何妨一下楼呢”，结果得到“何妨一下楼斋主人”的雅号。作为学兼中西的诗人学者，闻一多的研究范围既广且专，研究门径则别开生面。他从唐诗开始做起，不断上溯，对《诗经》《周易》《楚辞》，远古神话和金文甲骨等都作了深入的研究。他后来重新为时代呐喊时自称：“近年来我在联大的圈子里声音喊得很大，慢慢我要向圈子外喊去，因为经过十余年故纸堆中的生活，我有了把握，看清了我们这民族，这文化的病症，我敢于开方了。”

但他显然做了历史不自觉的文本。跟其他民族巨人一样，无论他们自己的才学识多高，东方大陆上的现代转型在集团性的力量面前更为势利。直到今天，人们在这种种集团性的力量面前，仍未能明认我们民族巨人们的功德。反而因“合群的自大”，借助于流行或集体性的评判机制，而低看了这些巨大的精神个体。

# 顾　准：我已经哭过了

纪念顾准、消费顾准成了“时尚”。

二十多年来，“顾准热”几乎没有消退过。但二十多年来，能像顾准那样活出一种时代命题的人格和思想仍有待人们去发现、传播。这是“群集环境”的悲哀，当其中的歌咏队员在歌颂前贤时，当代的精神正在受难，当粉丝们颂扬同代流行的一如成功人士般的才学时，时代的“牺牲”仍在无人闻问地献祭。

文明的阶段性演进多是以新的悲剧终结前一个悲剧。前悲剧中的角色经过沉淀开始示现其实相，而新悲剧中的角色还在名相中沉沦，在本能中匍匐在时势权力之下。布罗茨基说过这类悲剧，它无非是社会或年代沿革路线的一时变易。时过境迁，粉丝及其时贤偶像都会过去，被消费的前贤仍是难以企及的悲剧英雄。布氏说：“在真正的悲剧中，毁灭的不是英雄，而是歌队。”

我最初听到顾准的名字大概是九十年代初，那时常到舒芜先生家聊天，有一次听他讲到“文革”革掉文化，大家都是人格矮化的政治难民，很少有人活出了自己，但有一个叫顾准的人了不起。他在最黑暗的年代能够反思革命、理想主义，是一个圣徒。从舒芜先生的话语里，我听到了他的丝丝遗憾，后来明白那是反求诸己的懊悔、惭愧。我那时年轻，正有些理想主义，对顾准要回到“经验主义”的反思并没有多少兴趣，但对他的“反潮流”精神和人格力量仍敬佩不已。



因为编辑《战略与管理》，跟李慎之先生打交道多了。李先生多次感慨国是，以为像顾准那样的人不多，他说不要看纪念顾准的人多，但真正研究其思想的人，更不用说真正继承其人格精神的人，实在太少。有一次慎之先生忽然来电话，说起还没有人研究顾准的思想，不如我们一老一少来做点儿工作，他要我先占有材料。我就去把顾准的日记、文集都买了回来。但慎之先生的兴趣和思绪是跳跃的，过后他似乎忘了这事，我多次去他家，也没有听他再说起这个话题。我对顾准的研读也是不了了之。

我翻读顾准的文字，朴实、思辨、真诚，有早期革命党人的理想情怀和力道。毫无疑问，顾准是性情中人，“文革”中，赵人伟借给顾准一本英文的《茵梦湖》，顾准看完，还给赵时说：“我已经哭过了。”顾准是思想家，他们那一代人的知识储存中，很重要的一块是马克思主义，马克思们的思辨文风也给了他们影响，但他们中能够跳出马克思影响的人不多。因此，我也一度以或苛刻或宽容的眼光去看顾准的文字，最后的结论是，他的生活值得致敬，他的心路值得同道者读取，他的言路思路对今天读者心智的挑战、启迪，似乎是不够的。很久以后，一个朋友说起顾准一类的思想者，说他们在极端年代言说的常识，对后极端年代的人已经不构成智力的意义，他们更具有符号一类的意义。这也是一些“知识的傲慢”对顾准们挑剔的原因之一。

但顾准仍有革命党人和傲慢的知识人所不及之处，那就是他眼里无权威。一些知识人掉书袋不说，甚至言必称引政治宗教权威、文化权威，等而下之称引流行或说当令的大咖。但顾准是他自己，在诗人认斯大林为爸爸的年代，顾准批评斯大林，说他“以道德规范式的规律吹嘘、粉饰太平的理论来描写社会主义经济……这个理论体系，看来是注定要垮台的”。

顾准确实没有为后人提供足够的思想资源，但他学以致用的能力却为很多人所不及，如他在“文革”前极为精准的预言：“中国政治空气的大改变将从一年以后开始。”

我对顾准的阅读是很表面的，读其书，想其人，我能够同情地理解他，但他也太有局限了，太“单向度”了。文明史的丰富性、人性的复杂，在他那里，只有智力可以顾及或无须抵达。他一生追求有意义的生活，睁眼即要过无时无刻不在思考的生活，但1970年9月16日的日记，顾准写道："休息日无事可做，处于无思虑状态，这是第一次。"这就是他那一代革命者、思想者的精神。他可能难以想象孔子的话，天下何思何虑？天下同归而殊途，一致而百虑。他可能难以理解中国文化，易无思也，无为也，寂然不动，感而遂通天下之故。

追求意义大概是顾准那几代人的人生使命。就像高尔泰给北岛看他在牢改营里写的文字，比火柴盒稍大的纸片上，是上万的文字，这是他在非人状态里的人性思考，即使当时毫无希望得见天日，他也要用文字建立与这个世界的联系。因此，在这里引证孔子或中国文化的高明就不免轻薄，须知顾准和高尔泰们是在地狱般的情境里做出担当的。

1971年元旦，顾准感慨："老了，没有年轻时迎新的豪情和对未来的无穷希望了。昨晚深夜不寐，萦绕于心的是炉子会不会灭，和吃饭等一些生活琐事。而今天早晨看炉子是灭了，晨九时半匆匆去看表演，一下子加了太多混煤，炉子又灭了第二次。可见即使是我萦系于心的事情，在这新一年的第一天中也是极不顺利的。有时也想到，我这一生恐怕已经算做了结论，以后是残生余年，无复可产任何贡献之处，活下去不过是活下去而已……"而在七年前，顾准翻译过熊彼得的名著《资本主义、社会主义与民主主义》，熊氏说过，"在民主法治制度缺失的群集环境，道德上的限制和文明的思想方法或感觉方法突然消失，……使我们面对谁都知道、可是谁都不愿正视的各种毛骨悚然的事实……”

子明先生和何家栋先生梳理20世纪的自由主义传统，把梁启超当作第一代，胡适当作第二代，后来有“一二·九”一代，他们把顾准、李慎之列入作为代表。李慎之先生告诉我，这个谱系有些勉强，因为他比顾准小一些，他们向历史提交答案的时机也不一样，他比顾准晚了二十多年。但李先生承认，自由主义其实是知识分子的主流，顾准就是中国20世纪六七十年代唯一还像样的知识分子。

顾准其实是一座富矿，他是说不尽的。遗憾的是，人们囿于知识的偏见而忽略了他的人生示范。记得当年跟舒芜先生讨论“寻道者”“殉道者”“得道者”的区别，感慨人们多以成败论英雄，曼德拉就明白其中的本质，他强调说，追求自由者的报酬就是自由。这对信徒尤其是拜物教的信徒来说，是难以理解的。

活出顾准那样的人生，究竟值不值得？顾准可能想过这一问题，但他还是那样活了。只有对自己的时代有清楚认知的人才明白顾准的平易而健康、温情而坚定。2005年，我出版了《非常道》，收录了顾准的几则话语，其中一则是：“文革”初期，孙冶方坐牢之前，曾与顾准一起住牛棚，一起劳改。顾准对孙冶方说：“反正我是受了那么多罪，再也不要连累你了。我的手上没有血。”这后一句话，很多人曾引过，但只有度过非常年代的人才明白它意味着什么。如果转型年代的人也明白它意味着什么，当然更好。

四五年前，我回到北京，游说朋友们编辑“现代文明人格丛书”，在讨论20世纪的先贤时，就有年轻朋友要求列入顾准。这让人意外，也让人欣慰。后来，1986年出生的吕峥先生写出了《非如此不可——顾准传》，吕峥先生说顾准：“他是最具有理想主义气质的人，而当一旦认识到理想主义成为专制主义根源后，几乎是在头脑中把自己杀死了一次。”这样的话对一个理想者来说极具警示意义。吕峥的点睛之笔无意中追认顾准跟哈耶克一样是时代的先知，只不过，哈耶克是书斋的，顾准是炼狱中的。

吕峥还说：“争取更多的物质消费并不是人性的全部。特别是作为社会良知的知识分子，应当有更高的追求。”“这就是顾准的信仰，人的自觉性是最高的神。有了这种穷尽事理的逻辑，就不可能扯谎，也不可能屈服。”在吕峥先生眼里，顾准并非是“知识的傲慢”所不屑的那样，而是对后人有巨大启示的历史财富。

去年，子明先生去世，我代北京当代汉语研究所撰写挽联，就把顾准列进去了：数千年未有之变局，大道废裂，龙蛇起东陆，有康梁孙黄章陈蔡，问鲁迅胡适之？半世张殷顾陈子；八万里周流之日行，风衰谁陈，道术生西土，而仁义礼智信德赛，法摩登究竟否？深夜岑寂当自明。（康，康有为；梁，梁启超；孙，孙文；黄，黄兴；章，章太炎；陈，陈独秀；蔡，蔡元培；张，张君劢；殷，殷海光；顾，顾准。）

三四年前，我在写作解读易经的《大时间》时，无意中发现人的命卦系统，在梳理北半球上千历史人物时，查出顾准是跟莱布尼茨、米沃什、黑塞、陈寅恪、卡夫卡等人同命，属于大过卦人。大过，是一切建筑乃至上层建筑的脊梁，它孤独地撑起一方天地，承担起全部的重量。但在历史的风暴旋涡中它该如何渡过，如何面对惊涛骇浪？如果有灭顶之灾怎么办？中国的先哲给大过卦系辞说，君子以独立不惧，遁世无闷。我为这类发现曾经长久地惊奇，但在书中，无论是陈寅恪，还是顾准，我只是列入，没有做更多的说明。也许，每一个生命与这个世界（时间和空间）的深刻联系还有待将来揭开其秘密。

顾准经受了岁月的淘洗，只要人们对世界的理解越接近本质，人们对顾准的理解也就越接近真实。在中国生活中，顾准是极少能给人安慰的现代资源。庄子曾有寓言说明人生社会的某种虚妄：伟大的唐尧想把天下让给许由，许先生不要；鷾鸸子见过唐尧后来见许由，许由问他，唐尧给你加持了什么？鷾鸸子回答说，伟大的尧对我说，要讲仁义，要讲是非。许先生说，那你何必再来见我！你已经被唐尧的仁义是非洗过脑了，你已经不明白天道了，你只以为假仁假义的人道是对的！

以此寓言来看顾准的一生，宁不让人感慨?！天道好还，但天道在哪里？诗人说过，不要踏过露水，因为有过人夜哭。顾准就是在那黑夜里歌哭人道主义的人。

## 钱理群：告别的时刻到了

从云南回北京的路上，在手机上看到朋友圈多在转钱理群老师的消息，“告别的时刻到了”。点开看，是钱老师在三联书店的一次讲话，“我该写的写了，愿意看的看了，不愿意看的他也不看了，应该告别了。”这篇谈话，可以说是钱老师人生的某种“告别演说”，许多地方可圈可点。回到家，想到应该为老师说几句话。

年中的时候，跟钱老师碰面，谈起我的正义原则，其中第二个原则，一个成年人服务于社会的时间是有限的，到了时候他必须退场，否则即是不义的；钱老师非常赞同，他甚至说，不仅他那一代，就是50后的一代，都该退了。在“告别的时刻”讲话中，钱老师说得不仅伤感，“网络时代的青年的选择，无论你支持他、批评他、提醒他都是可笑的，年轻人根本不听你的。所以我再也不能扮演教师的角色，我必须结束，因为我已经不懂他们了。最好是沉默地观察他们。”而且决绝，“我的时代已经结束了。我可能在特定阶段对中国的教育界、思想界、学术界有一定的影响，但是这个影响已经结束了，是退出历史舞台的时候了。”

钱先生的姿态是一个大的事件。自百年来志士仁人们欲立散沙之国为“人国”，无数人投身到启蒙、救亡的社会事业中，但很少有人这样明确地“适可而止”“急流勇退”“功成身退”……从官吏的致仕，到商人的伦理，到知识人的伦理，中国的精英掠夺、垄断、服务于社会，远未到跟这个社会的要求相适应的程度。无数的商业精英临死还攥着社会的资源，知识精英则终身为书卷包围。钱先生明确自己“告别”，自兹开始，人生正义和社会正义将检验着每一位中国精英：他是否有自知之明，他是否懂得进退，他是否实现了正义。

无论人们怎么评议钱先生的言路、思路，先生的立身处世大概是可为各界各派人士“点赞”的。百度百科说他是，“20世纪80年代以来中国最具影响力的人文学者之一。他以对20世纪中国思想、文学和社会的精深研究，特别是对20世纪中国知识分子历史与精神的审察，得到海内外的重视与尊重。”“钱理群一直关注教育问题，多有撰述并为此奔走。他被认为是当代中国批判知识分子的标志性人物。”维基百科说他是，“上世纪80年代以来最具有代表性的人文学者之一，老北大精神的传承者。在国内外学界享有崇高的声誉。2002年以教授的正高级职称从北京大学退休，有以鲁迅和周作人为中心研究对象的专书著作和散文随笔多部。早年坎坷，中年求学，师从王瑶先生，以研究现代文学闻名学术界。尤以周氏兄弟用力甚勤，影响深远。多年来关注中国文化社会和教育的发展，1998年北大校庆被学生评为‘北大十佳教师’之首，学术著作不仅为学院派重视，而且流行于民间，在青年学子心目中的地位不可小觑。”维基百科的撰写者还以平视亲切的笔调称道钱理群先生，“在他看来，研究20世纪的中国，必须研究孙中山、毛泽东、鲁迅、胡适、蒋介石几个人，文学研究才是老钱的主业，历史可以说是他的副业。”

他确实终生为启蒙、教化努力，以“知识分子为一独立的政府”可以平等观察、批评、校正他者为己任，他近年的言论，“我们的一些大学，包括北京大学，正在培养一些‘精致的利己主义者’，他们高智商，世俗，老到，善于表演，懂得配合，更善于利用体制达到自己的目的。这种人一旦掌握权力，比一般的贪官污吏危害更大。”语惊四座，引起社会广泛的共鸣。他的名利不是来自他的私谋，而是人生之大公大义必然的报酬。这样一个子民之国中少有的站立着、行走着、言说着的人格，确实引人注目，也理应得到社会的赞扬。而发现并明认这样的人格光辉，以为世范，不仅是一个时代思想家们的责任，也是知识阶层和政府的责任。

七年前，我曾经为钱老师的《我的精神自传》写过一篇书评《幸存者的精神突围》。因为钱先生是我的老师，虽然文章批评处多，仍不免点到为止，我说："他的真诚令人动容，他的言路和思路令人为难。"我在私下跟朋友聊天时说："还是对我的老师留情了。"梁卫星先生来信则说："对钱先生，我是既感激同时也尊敬。我们这个时代，这样的老人已经不多了，所以，我明白，先生的文章很克制，是对一种罕见品质的尊重与爱惜。"

在钱老师的"告别演说"里，他再一次表露了他为人治学的坦白："鲁迅和毛泽东是我的两个精神导师。""我跟我的研究对象之间也有巨大的矛盾，我的知识结构和我的研究对象相差太远。""我可以向大家坦率地说，我是不大读古文的，也不看任何外国语，外国理论也一看就头疼。""我号称鲁迅、周作人专家，事实上周氏兄弟的很多层面我进不去。知识结构不纯粹是知识问题，也有精神境界的问题。"

钱老师说的是实话。就像我跟他通信，聊起对文化典籍的解读，他不置一词一样；我还跟他打趣地说过，他的命卦是天雷无妄卦，雷动而健行，故说话气足而冲，人生有意外，人生自强不息，等等，他同样不置一词。让我很感无趣。我当时以为他是从"五四"的视角对我的文化关怀不赞同，现在明白他是对"人类的知识总量"没有了解，也没有某种精神趣味。

钱老师的"告别演说"有文献标本的意义。他虽无知人之智，却有自知之明。他知道他的“价值”和“局限”。他说，“我属于启蒙主义的知识分子。我对启蒙主义的态度是有变化的，（可以说是）既坚持又质疑，但整体而言，我还是属于启蒙主义的范畴中。”我们今天知道，“启蒙主义”在人类历史上只有几百年的历史，今天也确实受到质疑。把人生的安身立命依托在启蒙主义上面，这个推动力既是庄重的、悲壮的，又是僭越的，又是能量不足的。

事实上，知识或人生“推动力”的不足，不仅是钱老师一个人的问题，也是很多中国知识人和中国人的问题。我们很少像牛顿和康德那样的启蒙哲学家思考“第一推动力”，我们知识和人生的本质是什么？我们人生和知识的归宿在哪里？

文学史家曾经注意到，“五四”一代的作家以及受“五四”影响的作家们有晚年“变异”的现象，如“何其芳现象”既指“思想进步，创作退步”，又指早年创新，晚年回归旧体诗。这在当代史上，也是一个重要的知识事实。很多受“五四”影响的知识人，今天正回归传统中国文化。这既表明“五四”新文化思想资源的某种不足，也表明“五四”新文化运动跟传统中国文化的断裂以及其藕断丝连。说到底，“五四”新文化运动并非第一推动力，所有那些以为近距离地赶上“开天辟地”时代、网络时代、微信时代的人所获得的思想资源都非第一推动力。从“五四”青年、到“时间开始了”的诗人、到“文革”小将，都“上当受骗了”。

因此，这些推动力不足的人生贡献不仅及身而没，甚至在自己心力尚愿发挥“余热”时即为人唾弃，就是必然也正常不过的事实了。钱理群老师说：“我发现我已经不理解当代的青年了，对60后、70后我有点理解，80后多少有点理解，对90后我完全不理解，我感觉我们已经到了一个新的时代。”

历史学家注意到，中国近代以来的历史是不断否定的历史。民国否定大清，新中国否定民国，六十年代的知青否定五十年代的人，七十年代的四五青年否定红小兵红卫兵们，八十年代的新一辈否定四五一代，九十年代的“新人类”否定八十年代的人，等等；一如社会寄望过上山下乡的一代，指望过“新人类”“新新人类”“80后”“90后”，今天又在看好“00”后……

社会学家注意到，中国社会的时髦像一个人一样，每隔几年都会变一变。就在最近三十年来，中国知识界几乎每隔一段时间都会引进一两个外地来的“和尚”，每一位外来的“高德大哲”都在中土享有一两年的“时势权力”，知识人、青年学子、读书人，不以这些外人的话语、观念说话作文几乎不好意思开口。那些“大师”是萨特、弗洛伊德、维纳、荣格、昆德拉、阿隆、福柯、波普尔、德里达、罗尔斯、德沃金、哈威尔、哈耶克、哈贝马斯……哈哈哈，学者刘瑜也只好以杂文调侃这种希圣希贤或代圣立言，“今天你施密特了吗？”

我们谈起钱理群先生，当然逃不过这种时代的宿命。钱理群先生发声于八十年代，自认属于“‘五四’之子”，但在知识结构上和精神境界上跟八十年代或“五四”仍有距离，毋宁说，他更属于他和朱学勤等人讨论过的“民间思想群落”、“思想史上的失踪者”。钱理群先生的宿命更重。

现代性的推崇者们多认为，我们的贫穷、落后、暴力、暴戾、褊狭等源于我们的无知，即我们没有足够的知识和知识人来洞明我们的现实。换句话说，如果一个共同体仍有人神共愤的灾难罪苦，即说明它的知识和知识人对不起它进行着的历史，它遭遇的还没有足够的知识和知识人来洞明或照亮它。人们应对眼前的复杂局面只是诉诸其热情或本能。

汉语世界的奇观还在于，我们跟现代理性精神的关怀有所不同，我们对知识其实是将信将疑的，因此我们追寻知识外的力量，即信仰。从民间信仰，到基督救世界，到佛教带来和谐，到中国是一种宗教，到历史是我们的宗教，等等。从佛教自由到道家自由，人们在知识和信仰的碎片上活得天真或自私或残忍。

由此，我们说，现代以来的中国知识人应该对历史和文明的断裂承担责任，应该对中国和中国人安身立命的人生社会的推动力负有责任。人生社会确实处于不断地变迁之中，时移世易，就像人自身每七年换一次细胞一样，何以证实这个全新的“我”跟断裂前的“我”是同一个人？英国启蒙哲人解释说，只要“我”还记得七年前的事就是，即记忆担当了这一生命伦理。对文明共同体而言，知识和知识人即是这一记忆，即是这一生命伦理。知识和知识人的责任，即在唤醒文明的历史。

令人遗憾的是，我们今天的知识和知识人多不记得毛邓以前的事，多不记得民国以前的事，多不记得孔子以前的事，就像钱理群坦承的，他“不大读古文”，等等。

因此，在以知识服务于我们社会时，知识人的不足是显而易见的了。有朋友曾经给我写信说钱理群，“钱先生虽然关心现实，却和现实其实是隔膜的。他的精神困惑，其实是一种观念与现实错位后的必然结局，或者说，他的观点不是来自现实，他的现实反而多来自于观念，这一点，对他终生传播鲁迅先生而言，是一个极其残酷的讽刺，甚至是否定，是他的大不幸。他以寻找真理的激情拥抱了假相。当然，就此而言，何止是钱先生呢？”

但是，钱理群先生仍超越了他的时代和他的知识同行。他以知识言说之外的行动弥补了他的不足，他对青年人的帮助众所周知，有人说他是“写序专家”，他为很多年轻学人的第一本书写过序。他还给各地的青年和青年教师写过信，前述朋友告诉我，他给钱理群先生寄了一本书，一年后收到了钱理群的“万言长信”，据说钱先生给人的回信有成千上万封。更让人感动的，是他对中小学教育的探索和实践，是他对贵州等地地方知识人的联谊、加持……

但是，仅有行动仍是不够的。这就是我跟钱理群先生讨论过的正义原则，正义要求一个成年人适时下场，因为命运、民族或文明社会资源已经给了他二三十年的表达平台、占有空间，他当仁不让，无论成功与否，他应该当义退场。这种退场之义之宜甚至在我提撕正义原则之前就已经存在钱理群先生心中了。事实上，在这篇“告别演说”之前的七八年前，甚至更早的时候，钱理群就频繁地提到了“告别”：“我觉得，我是一个过渡性的人，我应该退出你们生活的舞台了，我不希望我的思想成为你们继续前进的一个阻力或者负担。”

这种知其进退的智慧和大义是比知识、信仰更罕见的品质。钱理群先生“该说的已经说了，愿意听的人也听了，不愿意听的也就不听了”。他说的已经太多太多，他该退出了。他的“演说”正是这一正义宣示。

钱先生的“告别演说”是比他此前的言行更有意义的文献，更有典范的行动。他就像一个终生勤奋、奉献、思索而不得突破的人，用力将自己拔除恶俗，与这个不义的世界划清界限。“分手的时候到了，我去死，你们来活，究竟谁幸福，唯有神知道。”这一“告别”式的人生就像传统中国传说中的铸剑师一样，在铸剑不成之时，会向剑炉中奋身一跃，以自己的血、以自己的生命献祭而成。钱先生说他一生收获了“有缺憾的价值”和“丰富的痛苦”，但他的“告别”即是他的奋身一跃，他至此功行圆满，他实现了人生正义和社会正义。

我曾经说，仅仅强调动机、初衷、参与是远远不够的。我们中国的知识和知识人也需要居仁由义，需要以正义的尺度来衡量自身。这种正义绝不是某些人表达的那种悲壮感、岸然感，我的正义理论的第一原则即是，一个成年人应该对自己的身心相貌负责，否则即为不义；就是说，一个成年人如果有三高、肥胖、酒肉气、戾气、褊狭、怀才不遇感、怨天尤人心、德高望重派头，等等，即为不义，一个成年人应该成就、担当其身心相貌的诸相诸好。

我曾经跟年轻朋友开过玩笑，你们如果称某人为某老，那么这个人可能有些问题。而从相貌和称呼上，钱理群先生是过关了。他虽然时有“悲愤面容”，但那是纯真者的愤怒和悲哀，他在交流中呈现的是赤子之心，他的笑脸也是孩子的。由年轻朋友编辑的维基百科中有“老钱”而非“钱老”的称呼，可见他为年轻人引为同类的人格魅力。

因此，在读到“告别演说”时，我跟广大读者一样为钱老师叫好、点赞、致敬。但钱理群先生一生的贡献所得的回馈理应不止于此，他理应得到知识界同行的称引和社会的褒扬。一个文明的政府“为褒扬国民立德、立功、立言，贡献国家，激励当世，垂之史册，昭示来兹”，会对它的国民实行褒扬，那些国民属于“致力国民革命大业，对国家民族有特殊贡献者”，属于“临难不苟，卓著忠勤，具有勋绩者”，属于“冒险犯难，忠贞不拔，壮烈成仁者”，属于“有重要学术贡献及著述，为当世所推重者”，属于“有重要发明，确属有裨国计民生者”……钱理群先生就属于“德行崇劭，流风广被，足以转移习尚，为世楷模者”。

在雾霾和严冬的日子里，读到钱理群先生的“告别演说”是少有的令人开心和庆幸的事件。它让我们知道，尽管我们有苦，我们有罪业，这世上仍有纯真的眼睛和心灵，我们中间仍有人活出了精神。我们仍有精神的蓝天白云，有精神的温暖。有这样的长者、朋友、老师在我们身边，足够使一切“精神界战士”“更勇敢地明认，更诚实地努力，更愉快地相信，更热烈地爱，更坚定地抗争”。

因此，在类似的褒扬缺席的情形下，我愿意作引玉之砖，向大家介绍钱理群先生的意义，以表达我自己的敬意。我也希望我的读者，尤其是青年读者能够“高举起我们多年没有高举过的双手”附议。

2014年12月16日写于北京

# 晏阳初：人类之子

晏阳初出生在中国四川，按照台湾历史学家吴相湘的说法，四川的学问风气是“注重实用”的。吴先生在撰写晏阳初的传记过程中，收集了大量的材料，来证实这种学以致用的风气如何表现在四川人的日常生活中。八十多年后，晏阳初还回忆起父亲对他以身作则的教育，回忆起母亲吴太夫人对他和大哥的管教。父母的慈和严影响了晏阳初的一生，吴相湘写道：“他一生生活谨守规律，做事严肃笃实，对人守礼而不失原则的品性即从此发展而成。”

可以说，中国经典和做人礼仪在开明、既慈且严的父母那里获得了，父亲教授他的内容，先是《三字经》《千字文》《百家姓》，后来是《大学》《中庸》《论语》《孟子》。我们从晏阳初后来请人谱写的《中华平民教育运动歌》中就可以看到这种教育的影响：茫茫海宇寻同志，历尽了风尘，结合了同人，共事业，励精神，并肩作长城。力恶不出己，一心为平民。奋斗与牺牲，务把文盲除尽：男男女女老老少少一齐见光明。一齐见光明，青天无片云。愈努力，愈起劲，勇往向前程。飞渡了黄河，跨过了昆仑。唤醒旧邦人，大家起作新民：意诚心正身修家齐国治天下平。

但晏阳初不仅是中国的，更是世界的，他的成长教育跟牧师、传教士相关。在教会学校，他学会了唱歌和运动，并终身受益。十几岁时他就做了史文轩传教士的翻译和助手，在史文轩的帮助下，他到香港读书。人生的道路就此敞开，随后去了美国耶鲁大学，并娶了华裔混血姑娘。

晏阳初自己说过："我是中华文化与西方民主科学思想相结合的一个产儿。我确是有使命感和救世观；我是一个传教士，传的是平民教育，出发点是仁和爱。我是革命者，想以教育革除恶习败俗，去旧创新，却不主张以暴易暴，杀人放火。……我相信'人皆可以为尧舜'。圣奥古斯丁说：'在每一个灵魂的深处，都有神圣之物。'人类良知的普遍存在，也是我深信不疑的。"

晏阳初的生活习惯是洋派的，他习惯打网球、打板球、打猎，唱圣诗。他的儿子晏振东曾回忆，他们家的生活是很讲究的。即使到了河北定县，管理一家生活的母亲仍保证了文明社会的基本生活："我们在定县的厨房旁边有热水锅炉，热水随时都是有的。”因为保持了这种西洋的生活习惯，抗战时期，“咖啡没有了，他们就拿棒子面炒煳了，烧汤喝，代替咖啡。我父母彼此都讲英文，我母亲平常跟我们说英文我们都懂……”

马克思主义史学家侯外庐先生抗战时期曾跟晏阳初一家做邻居，在侯先生眼里：“在白鹤林，晏阳初维持着相当高的生活水准。他的家庭雇有两个满口京腔的女佣，一个西餐厨师。据其家人说，他在家里很少说中国话，基本上不吃中国饭……”

但如此洋派的精英却拒绝了升官发财，拒绝了城市，他不仅举家迁到乡村，而且动员了能够动员的大知识分子，如留学欧美归来的博士熊佛西、瞿世英、冯锐、刘拓等人，放弃大学教授、校长等优越地位，携眷到定县去跟他一道主持实验工作。在他的努力下，几百名知识分子，从话剧家、医生到农学家，都到定县去参与他的平民教育和乡村建设。他自己的牺牲尤其大，如他的妻子跟他到定县近十年，语言不通、生活条件简陋，为了照顾家庭，完全放弃了自己的事业。据说，直到抗战，到了重庆，他的妻子才慢慢学会用中文对乡建学院的学生说话。

从现在的眼光看，晏阳初的洋化已经登堂入室，他的生活似乎已经定型。但他一旦认准目标，他就可以到最土的、最原始的地带开拓出自己的事业。在法国战场上，他就跟“华工共同起居”。从事乡村建设时，师生们对他的印象是，“下乡检查平教工作时，大多步行，间或坐驴车和骑驴。”“对人和悦，待人至诚，在他家做过工的高妈说，与晏先生相处二十多年，从未听到他说一句怨言和责备的话……也爱和工人们聊天。”“晏院长请客也同样简单，绝无铺张操办之事。并采取中菜饭西式吃法（每人一份），既卫生，又不浪费。”“（晏氏）常说：平教会的经费是‘沿门托钵’来的，其中包括不少孤儿寡妇的捐赠，如我们不踏踏实实为平民工作，随便浪费他们的捐款，是对不起他们，也是一种犯罪！”“晏院长总是穿着普通布料的长衫和一般的西服，但更多的是着长衫，这样便于接触群众，与群众打成一片。”“晏院长的饮食很简单，严格规定不多的一点菜金，不许多花。吃的面包，是以洋芋粉为发酵面和土面粉做成的，有人搞不清楚，说是洋面包。”……

晏阳初对自己入俗的土化是充满感情也极为自觉的：“我两个女儿，群英、华英就是在定县乡下长大的。我们穿粗布大褂，住农民漏雨的房子。我们从北京连家属一同去，与农民一同吃苦，吃穿住一样，才逐渐成了农民的朋友、亲人。”晏阳初说过，“自北京迁到定县，不是地理上几百里路的距离，实在跨越了十几个世纪的时间。我们必须克服一切困难，在各方面尽力使我们适应乡村生活，和农民同起同居。千万不能在定县形成‘小北京’！”他还说，“我们知道自己不了解农村，才到乡间来求知道。我们不愿安居太师椅上，空作误民的计划，才到农民生活里去找问题，去解决问题，抛下东洋眼镜、西洋眼镜、都市眼镜，换上一副农夫眼镜。换句话说，我们欲‘化农民’，我们须先‘农民化’。可是‘农民化’不容易。必须先明了农民生活的一切。我们正努力在农村做学徒。几年来工作愧少成绩，亦正以此。”

晏阳初年轻时就表现得极有主见。1920年，在晏阳初回国之际，北美基督教育青年协会的副总干事薄克曼先生对这个前程远大的年轻人说：“你具有书香世家的门第和慈父的教育以及教授中国经典的基础，加上海外教育，回国以后，当可以迅速获得领导地位，以为中国学士服务。”晏阳初回答说：“不！我的未来早在法国为华工服务时就已决定：有生之年献身为最贫苦的文盲服务，不为文人学士效力。”



晏阳初做到了。从1918年在“一战”战场的华工营，到1990年在美国纽约去世，七十余年，他只做了一件事，即在世界范围内推动平民教育和乡村建设。

以今天中国人的普遍心态看晏阳初的成长背景，年轻的晏阳初受过极为健全的教育，可以说是当时东西方文化共同熏陶出来的成果。

这个极洋而又能极土的中国人，这个大雅而又能大俗的中国人因此从未纠结过，他跟同事们在河北定县农村一待十年，在湖南、四川农村一待又是十几年，以后在第三世界国家的农村一待又是四十年。他的事业所在，都是中国和世界上最贫穷落后的地区，都是充满了战争、天灾、人祸、动乱的地区，但他似乎乐在其中，“具有真正和完全的爱心的人不求自己的益处”，晏阳初说：我愿意化苦为乐，化敌为友。

晏阳初的发明创造因此及时及物。在“一战”战场上，他为华工及时解决了写家信的问题，虽然他乐意为华工代写家信，但一人之力有限，工作的繁忙让他想到“授人以鱼，不如授人以渔”这句中国古话，因此创办了华工识字班。在初次成功之后，为了给更多的华工开智启蒙，他发明了“导生制”，即由开始识字的学员教尚未识字的同学，先学先知带动后学后知，将有限的教育资源最大化。华工们四个月内就学会繁难汉字的成绩、导生制的效果、华工和管理者的反应，等等，都使他看到了一个丰富的矿藏。

他坚信，世界上最宝贵的财富就是人，世界上最宝贵的矿藏就是“脑矿”，最大的“脑矿”在当时的中国，四亿人民中只有一小部分受过教育，目不识丁的文盲超过三亿多。英国每百人中文盲只有三人，法国只有四人，日本也只有四人，而我们却有八十多人。晏阳初认为，平民教育是开“脑矿”最简单、最适用的工具。

为华工服务的初步成功使晏阳初选定了自己的事业，他是一个务实的人，回到中国开展平民教育，面对的是比华工更复杂多样的社会生态。但这种环境的改变反而激发出晏阳初更大的原创力来，他从现实中总结出来的知识或思想资源直到今天仍是我们认知中国社会的财富。

晏阳初发现办平民教育要克服三大困难：第一是“穷

难”——因为他们穷，一天到晚忙于生计，无钱接受教育；第二是“忙难”——他们终日忙碌，没有多余时间上学；第三是“文难”——中国文字太难学习。要克服它们，就得使平民教育成为经济的、简单的、基础的苦力教育，才能易于执行。而文字教育是开发民众知识的基础，为此他动员、组织编写《平民千字课》。这些结论至今仍是中国和世界扶贫济困所要面对的难题。

在晏阳初看来，中国人民潜藏着无限的力量等待开发。遗憾的是，中国人充满了“愚”“穷”“弱”“私”。要通过扫盲，在人人取得最低限度的文化程度之后，以“文艺”（包括识字，通过演说、演新剧等方式开掘“脑矿”）教育救愚，生计教育救穷，卫生教育救弱，公民教育救私。文艺教育、生计教育、卫生教育、公民教育是平民教育的内容，而学校式、社会式、家庭式则是行之有效的三大教育方式。

这个以“定县模式”著称的平民教育和乡村建设成果极为可观。晏阳初和同事们编写了六百余种平民读物；选编了包括鼓词、歌谣、谚语、故事、笑话等六十万字的民间文艺资料，搜集民间实用绘画、乐谱等，组织歌咏比赛、农村剧社，举办各种文艺活动。

同时，晏阳初还组织人力进行农业科学研究，举办实验农场，改良猪种和鸡种；对农民进行“生计训练”，如推广良种、防治病虫害、科学养猪、养鸡、养蜂，组织农民的自助社、合作社、合作社联合会，开展信用、购买、生产、运输方面的经济活动。

在定县，晏阳初还实施卫生教育，创建农村医药卫生制度，村设保健员，联村设保健所，县设保健院。1934年，全县建成这一系统，农民每年人均负担不过大洋一角。在控制天花流行、治疗沙眼和皮肤病方面取得明显成绩。

晏阳初认为平民教育的基础是识字教育，中心是公民教育，以养成人民的公共心与合作精神。他们出版多种公民教育的材料，进行农村自治的研究，指导公民活动和开展家庭教育。

这些办法今天仍是公益组织、慈善组织取法的必由之路。论者认为，新中国成立后我国备受国际推崇的赤脚医生制度，广受国内NGO采用的参与式社区工作方法，以及国务院扶贫办近些年的“整村推进”计划，联合国当前在世界范围内为消除贫困所做的努力，我们都可以看到“定县实验”的身影。

晏阳初的思想可圈可点，他的创造性值得大书特书。罗斯福为反击法西斯主义，提出了四大自由，即言论的自由、信仰的自由、免于匮乏的自由和免于恐惧的自由。晏阳初则提出了自己的看法，他说：“我们不只能拥有‘四大自由’，还有第五自由：比较其他四项都显得伟大。没有它，我们能有‘四大自由’？这就是免于愚昧无知的自由(Freedom From Ignorance)。”

晏阳初说过，“三C”影响了他的一生，“三C”即孔夫子（Confucius）、基督（Christ）和苦力（Coolies）。远古的儒家民本思想，近世传教士的榜样，平民大众的疾苦、智能和爱，有机融合出晏阳初这样一个伟大的人格。他汲取了儒家“民为邦本，本固邦宁”的思想，却也扬弃了孔子“唯上智与下愚不移”的傲慢与偏见；他汲取了西方和孙中山先生关于“民有、民治、民享”的现代民主精神，却也扬弃了基督教因信因名称义的空洞虚幻；他直面民间“苦力”之苦，也以真诚的平等意识致力于开发“苦力”之潜力。

晏阳初为平教总会拟定的工作方针，用英语表述为“Relief is not the answer，but Release”。直译全句为“答案不是救济，而是释放（其能量）”，有人译为“不要救济，让他发扬”。有人说，这种超越悲悯的扶助，对下层民众的尊重与信任，使他所从事的平民教育与社会改造事业，既超越了中国古代“民本”思想止于政治策略层面的局限，也超越了基督教的以怜悯为基础的“救世主”情感，而升华到依靠人民达成民主目标的现代性境界。

他的思想有着人类的情怀，尽管他有着深厚的爱国情感，但他扬弃了狭隘的国家主义：“明智的国家主义就是国际主义”，他说：“‘富有’的人民和‘富有’的国家必须认识到，只有当‘贫穷’的人民和‘贫穷’的国家满足了，你们才是安全的。你把这叫作明智的自身利益也可以。”

他的人生之道因此是对“三C”的尊重和超越，而有着人类情感大爱的当代实践。这种道或爱行之所至，往往不被理解。老子说过，不笑不足以为道。年轻的晏阳初站在台上对上千名华工说："从今天起，我不替你们写信了！"台下华工却大笑起来，以为他是在讲笑话。晏阳初继续说："从今天起，我要教你们识字、写信。"底下又是大笑。后来的晏阳初到定县去帮助农民时，农民闻听之下仍是大笑。后来的马克思主义正统人士，将晏阳初的人生事业归为改良派，甚至"美国代理人""帝国主义走狗"一类头衔时，无知的人们对其则是鄙夷一笑。今天的成功人士略为了解晏阳初的事业，也多是自以为是地笑一笑。

晏阳初的人生之道仍挑战着今天的中国和世界。

晏阳初是说不尽的。

他一生度人无数，那么他的觉度又从何而来呢？

考察晏阳初的一生，他似乎是一个极善于从身边获得真知、正见、良能、大爱的人。

1903年秋，晏阳初的父母接受了福音堂外国传教士的建议，把阳初送到内地会创办的华英学堂求学。在西学堂他认识了对其一生有很大影响的一个人——姚牧师（William H.Aldis），在这位牧师身上，晏阳初感受到了基督之爱与善。据吴相湘作《晏阳初传》中记载："姚牧师从不对学生反复啰唆讲说《圣经》，只以'身教'：用慈爱和蔼的态度和学生共同生活，细心照顾他们的一切——一年时间里，晏阳初如沐春风，深受姚牧师伟大精神的感召，发现耶稣解读博爱世人的若干道理，由此决定领受洗礼。信仰虔诚，至老弥笃。"他后来数次到英国跟恩师相见，为了表示对姚牧师的感激之情，晏阳初还在其长子出生时，特以姚牧师的第一个名字William命名，以示其不忘恩师之情。

1911年，在姚牧师的引荐下，晏阳初结识了第二位对其一生产生重大影响的传教士史梯瓦特（James Stewart）。晏阳初一度担任史氏的翻译和助手。史梯瓦特并没有因为自己的工作所需而把晏阳初留在身边，而是推荐晏阳初到香港深造，并不顾路途之艰辛从成都转重庆行上海再到香港，一路陪同晏阳初抵达香港。在晏阳初的心目中，“他是一位了不起的人物，象征着基督的牺牲自我，以德报怨。”他对史氏的感念之深甚至感应到了史梯瓦特的死亡，悲痛之余，晏阳初以史的第一英文名字（James）作自己的英文名字，并坚定了自己服务社会的愿心。



1916年，在前往美国的途中，晏阳初又意外地遇到了一位传教士莱夫，此人被当时“中国雅礼会”（Yalein China）的执行委员会选派到湘雅医院服务，与晏阳初相遇时正回美国度假。莱夫向晏阳初推荐了耶鲁大学。进得耶鲁大学后，晏阳初亲身感受到了基督的平等与博爱精神，他回忆道：“基督教的气氛笼罩着耶大，校中有教堂，教堂当然有唱诗班……我入学后，经常参加礼拜。”

晏阳初是幸运的，他在基督教的氛围里遇到了众多的良师益友。基督教也是晏阳初婚姻的重要媒介。他的妻子许雅丽出生于纽约市华裔牧师家庭，其父许芹（Huie Kin）是纽约市华埠首座基督教长老会教堂的创建人。他对中国革命运动很热心，曾与孙中山先生交好。许雅丽虽然从小生长在美国，但始终把中国视为自己的祖国，她不仅毫无保留地支持晏阳初的平教事业和乡村改造运动，而且还助其一臂之力，帮助解决工作中的后顾之忧。

重要的在于，晏阳初从身边的善缘中获得了积极、健全的人类情感和认知，他不仅超越了俗世的功利、名位得失，也超越了东西方的边界。他善于从周围的世相中教育、救度自己。在他到耶鲁大学学习时，耶大政治系的台柱是前美国总统威廉·霍华德·塔夫脱，虽然叱咤风云过，但塔夫脱平易近人，毫无架子。有一次上课，他迟到了十多分钟，一进教室就气喘吁吁地向大家道歉："对不起，我去华盛顿开会，回来时火车误点了。"这件小事让晏阳初感触很深。当然，塔夫脱的儿子查理和美国石油大王洛克菲勒的儿子威廉都是晏阳初的同学，他们待人热忱，没有富二代一类的骄矜恶习，这些际遇都给了晏阳初正向的收获。

晏阳初在法国为华工服务时，曾以极简陋的条件为华工办了一份石印的《华工周报》，发行数月后，晏阳初收到了一封"读者来信"，大意如下："晏先生大人：自从您办周报以来，天下事我都知道了。但是，您的报卖得太便宜了，只十个生丁，恐怕不久要关门。我现在捐出我三年的积蓄，三百六十五个法郎。"华工们辛勤劳动，只有微薄的收入，但竟肯用三年的积蓄支持这张小小的报纸！晏阳初深受感动。正是这一事件启发了他，也教育了他，他说："我在法国，原是想教育华工，没想到他们竟教育了我。他们的智力和热诚，渐渐引导我发现一种新人。这新人的发现，比考古学家发现北京人，也许还要重要。”

数千年来，这种人被认为是没脑筋的人，没有时间读书，也没人教他们。基督救世，依于怜悯，止于宣教信仰，晏阳初却起而行动。孔子被称为至圣先师，但孔子虽然有教无类，却“有闻来学，不闻往教”，晏阳初却往了，他到了民间，到了大众之中。自此而后，他立志不做官，也不发财，要把“终身献给劳苦的大众”。他发出一感人肺腑之言：教育劳苦大众，是一种使命，也可以是教育的革命，我要为这革命而出家，就是抛弃荣华富贵。劳苦大众所需要的，不是脑筋，而是机会，受教育的机会。他们不是不可教，而是无教。……那个时候，我就想做平民教育工作。平字是一个很好的字，有两个大意义。一方面，是平等的意思。不管是黄人、白人、黑人、穷人、富人，人格都是平等的。有了人格的平等，进一步求教育的机会平等，平社会之不平。平民教育就是全民教育。另一方面，平是天下太平。如果人人无机会受平等的教育，天下不会太平。

他随时都学习，都在进益，救度，创造。在烟台进行平民教育实验时，一次，他正在和几位同事谈论工作，有一个小姑娘来到门前，怯生生地问：“请问谁是晏先生？”晏阳初马上站起身来：“我就是。你有什么事吗？”小姑娘说：“你们只教城里的人识字吗？什么时候到我们乡下教我们识字呢？”晏阳初愣住了，他郑重地对小姑娘说：“我们要到乡下去的，很快就会到乡下去。”小姑娘说：“那我等着你们。”

也许，举世闻名的“定县试验”，就是晏阳初从这些细微的生活因缘中学习并创造出来的。

这样的圣贤在哪里，就给哪里带来了希望、光明。可以说，晏阳初先生一生就是跟他的环境相互荣耀的一生，他影响了世界，世界也回报了它。

1928年6月20日，三十五岁的晏阳初到美国耶鲁大学领受荣誉学位。赞扬词是这样写的：晏君自1918年在耶鲁膺学士学位，今已届十周年，极少的毕业生在十年间的成就，可与这位具进取心、富有才能，而且又不自私的人相提并论；他是中国平民教育计划的主要负责人，他对东方的贡献可能比战后任何一人都伟大；当他在法国以青年会干事与中国劳工相处时，设想出对中国文盲的教育观念；他在中国雅礼会所在的长沙，开始做平民教育大运动，迅速扩张成为全国性事业；他自繁多的中国文字中简要选取一千字；在这平民教育制度下，二百万中国人已经学会读和写本国文字；晏君实是世界文化中一有效能的力量。

1937年，蒋介石希望晏阳初帮助动员三千万民众抗日。应湖南省主席之邀，晏阳初被任命为这一项任务的首席执行官。他裁撤了三分之二的县级官员，代之以五千学者和科学家。是为中国历史上第一次大规模的基层政治改造尝试。

1938年6月，青年时期曾做过晏阳初的义工的毛泽东接见了晏阳初的同事，毛泽东此时已经是一个革命党的领袖，在国内有着极高的地位，但他对仍在从事乡村建设和平民教育的晏阳初“以宗教家的精神努力平教运动，深致敬佩”，并且希望能“有几千几万的优秀干部去参加”。

1943年5月24日，是哥白尼逝世四百周年纪念日，晏阳初在这一天与爱因斯坦、杜威、福特等人一道被评为“现代对世界具有革命性贡献十大伟人”，表扬状上写道：杰出的发明者，将中国几千文字简化且容易读，使书本上的知识开放给以前万千不识字人的心智；他又是伟大人民的领导者，应用科学方法，肥沃他们的田土，增加他们辛劳的果实。



1945年11月，联合国文教组织在巴黎举行首次会议，晏阳初的助手瞿菊农是中国代表之一。会议以中国平民教育的经验为蓝本，制订了文教组织基本教育计划，以在世界未开发地区推行基本教育，以扫除文盲、灌输基本教育为目标。晏及其同人在国内开展的平民教育和乡村建设事业已然获得世界范围内的认可并开始影响世界。

1945年11月，晏阳初自纽约抵达旧金山。市参事会一致通过授予晏阳初旧金山荣誉公民称号，称赞晏阳初是东西方各权威公认的真正哲学家，人道主义者，“历史将以最高地位记载晏对中国的贡献”。

1945年，晏阳初对蒋介石说：我们人民遭受了二十一年内战，他们流尽了鲜血。现在该是为农村大众干一些事的时候了。蒋介石说：你是个学者，我是个战士。并说，等他消灭了共产党之后，要聘晏阳初为全中国乡村改造运动的领导。晏阳初说：委员长，如果您只看到军队的力量，而看不到人民的力量，那么您会失去中国。

说服蒋介石失败后的晏阳初说服了杜鲁门总统，美国国会通过了一项叫“晏阳初条款”的议案，这是美国历史上第一次由外国人促成的国会拨款条款。条款规定：四亿二千万对华经援总额中须拨付不少于百分之五、不多于百分之十的额度，用于中国农村的建设与复兴。

1955年10月，美国《展望》杂志评选晏阳初博士为当代世界一百位最主要人物之一，尊称他为“世界平民教育之父”，“真正的哲学家与人道主义者”，“是一个具有坚定信仰和丰富想象力的英勇学者，是劳苦平民心智与精神的解放者”。

1958年12月，国际平教会集会，决定正式创立国际乡村改造学院。晏阳初指出：20世纪及其以后时代的最大挑战不只是探求太空的神秘，却在于怎样发展地球上三分之二待开发人群的潜力。

1987年10月15日，美国总统里根在总统办公室授予晏阳初“终止饥饿终生成就奖”。里根总统在给晏阳初的生日贺辞中说：在我任职期间，最大的报偿之一莫过于得知有像您这样全心全意为他人服务的贤达之士。

1989年10月25日，美国总统乔治·布什致电晏阳初，祝贺晏九十九岁寿辰，贺辞中称：您一生服务于发展中国家的乡村平民，给了众多美国人极大的鼓舞。通过寻求给予那些处于困境中的人以帮助，而不是施舍，您重申了人的尊严和价值。我对您通过给予平民更多的自由和机会来帮助他们摆脱贫穷所做的努力表示赞赏。您已使无数人认识到：任何一个人不只是有一张吃饭的嘴，而是具备无限潜力的、有两只劳动的手的、有价值的人。您是我们人类的颂歌，是你们同行的楷模。

1990年，晏阳初先生以百岁高龄在美利坚仙逝。

晏阳初生前在接受赛珍珠访谈时，曾说过：我向全世界提出这一个问题，请求解答。为什么不能团结所有国家、所有地区的人民以共同打击我们的敌人即愚昧、贫困、疾病和腐败政府呢？我们都希望有一个更好的世界，但其确切含义是什么？世界最基本的要素是什么？是黄金还是钢铁？都不是。最基本的要素是人民！在谈及一个更好的世界时，我们的确切含义是需要素质更好的人民。他的理念用他本人喜欢的话语来概括就是：民为邦本，本固邦宁。

这是一个大陆社会至今陌生的伟人，是我们自家的圣贤，这是一个说不尽的巨人。2005年，诺贝尔和平奖授予了有“穷人银行家”之称的孟加拉国的经济学家尤努斯，虽然尤努斯的工作很了不起，但跟晏阳初比起来，似乎差距不可以道理计。用我们东方人的话说，尤努斯是度己度人；晏阳初则是跟大家共度。经济学家缪尔达尔在《世界贫困的挑战》中说：“西方发达国家的受过教育的年轻人正在被组成许多团队前往几千英里以外的不发达国家，经常是去到乡村中帮助和教育贫苦大众。与此同时，这些不发达国家自己学校的毕业生却想不到这样去做，而是愿意挤在城市中做受过教育的失业者或为了创造‘合适的’工作而要求他们的政府扩大其行政机构。”可以说，晏阳初打破了这个规律性的现象，这种超越至今少有人企及。

为往圣继绝学

## 黄　侃：何敢特立而独行

说到黄侃，人们多半会想到他的趣闻逸事，会想到他作为一个80后，在大师林立的清末民初几乎目空一切的言行：狂狷，孤傲，疯子，名士，好游历，好色，好读书，好骂人，桀骜不驯，不拘小节，性情乖张，特立独行……他指责过梁启超、王国维，反诘过陈独秀，骂过胡适，得罪过吴承仕、马寅初……虽然其中不无戏谑，但可圈可点，多有深意。人们知道他是国学大师、大学问家，但对其学问多半语焉不详，对其人生意义置若罔闻，而多半津津乐道于他的“故事”：人们把他的存在当作谈资了。从当时到现在，了解他二三事的人仍只是把他当作“疯子”一类的天才型学人而一笑置之。事实上，这个年轻的80后有着我们常人难以想象的个性，也有着我们难以想象的心智、勇气和勤奋。

1886年，黄侃生于成都，父亲黄云鹄系清朝官员、学者，有“黄青天”之誉，跟张之洞等人友善。黄侃三岁时即开始背诵唐诗宋词，跟着江叔海先生学《论语》，四岁时跟着父亲返回原籍湖北蕲春，七岁时作诗：“父为盐茶令，家存淡泊风。”

1896年，十岁的黄侃随父到武昌，读经而外，纵览诸子、史传，能为诗文。第二年，父亲去世。1902年，十六岁的黄侃入武昌湖北文华普通学堂，与宋教仁、董必武等人同学。学习期间，黄侃常与董必武、宋教仁、田桐等人议论时政，畅谈革命。1905年，十九岁的黄侃因宣传排满思想而遭到学校开除，用现在的话说，他在校园或网上发表了或左或右的“愤青”言论，但黄侃得张之洞帮助留学日本。



1907年，二十一岁的黄侃用笔名写作《释侠》《专一之驱满主义》《哀贫民》等文，刊于章太炎主编之《民报》。他在日本遇到章太炎并拜章为师，两人相互选择，一拍即合，因缘际会，成全了师生佳话。在章太炎众多的弟子中，如鲁迅和周作人兄弟、钱玄同先生、吴承仕先生，黄侃是最为杰出的，因为只有他在才气、性情、学问、识见等方面跟老师相互辉映，相得益彰。

1908年，黄侃从日本返回国内照顾病重的母亲，半年后，生母去世，大恸，乃至吐血。他还利用远离官府的环境，向乡民揭批清王朝腐败无能、丧权辱国、镇压民众的各种罪行，宣传革命道理。这期间，光绪帝与慈禧太后先后病逝，清廷下令各地举行“国丧”。黄侃等人数次反抗，因人告密，清政府准备抓捕黄侃。得到消息的黄侃逃亡，辗转到日本。形骸放浪而事母至孝的黄侃请好友苏曼殊绘一图，名“梦谒母坟图”，自为之记，请章太炎写了题跋。

1910年秋，二十四岁的“海龟”黄侃归国，他筹设孝义会，给民众宣讲种族大义及中国危急状况，组织反清活动。1911年7月，黄侃因宣传革命，被河南豫河中学解职，返乡途经汉口之际，同盟会同志及友人为他设宴洗尘。席间论及清廷，革命浪潮的高涨，黄侃激愤不已，当晚，黄侃借酒性挥毫成文，题为《大乱者，救中国之妙药也》，文章刊出，舆论哗然，各地报刊或纷纷报道，或全文转载，江汉震动，革命士气为之大振。有人因此认为，黄侃为《大江报》撰写的《大乱者，救中国之妙药也》，是武昌起义的序曲。

革命功成，黄侃不谋官谋利，他退居上海，主办《民声日报》。

1914年，二十八岁的黄侃在中国典籍上开始用心，自铸伟辞。他综合前说，定古声十九类，古韵二十八部之目，提出古音只有平入二声说。年轻人建立了自己的古声韵系统，即古音学体系。他在古音学上所取得的成就结束了自顾炎武以来的古音研究工作，使他成为清代古音学的殿后大师。

这个二十八岁的青年、革命家、狂人、大学问家，从此在北京大学、武昌高等师范（武汉大学前身）、北京师范大学、山西大学、东北大学、中央大学（南京大学前身）、金陵大学等学校任教授。他的教研生活是严谨的，又是狂妄的，是济世的，又是救心的。直到四十九岁去世，二十年的努力，“桃李满天下”，为中国学术的传承尽了一份天才的力量。

因为在当时的中国学术氛围里，传统守旧的派别在新学的进攻下溃不成军，更不用说完成现代转化；新学宣传多，实绩少。而新、旧各派中的学者，资历、名望或可大过黄侃，圈子或可大过黄侃，甚至如梁启超、王国维等人也咸与维新，但他们的问题不仅在于黄侃所批评的那样，而且他们各人也没能教化、培养出多少优异的弟子。新学的引进者们，如胡适等人只是开其风气，少有夯实一个学科领域，并为中国学术开宗立派、立言立法；即使一些学术大跃进式的表现，但多半昙花一现，时过境迁。在这方面，黄侃可能是少有的例外。



革命家黄侃有着现代中国人少有的学术自觉，这一点大概只有陈寅恪可与之相比。他在日记中多次嘲笑梁启超、王国维等人，如1922年的日记记梁启超演讲：“第一日发讲，即有无数笑柄。”1926年的日记记朋友对王国维“曾面纠其失。国维曰，虽失而不欲改”，而感慨：“国维少不好读注疏，中年乃治经，仓皇立说，挟其辩给，以炫耀后生，非独一事之误而已……要之经史正文忽略不讲，而希冀发见新知以掩前古儒先，自矜曰：我不为古人奴，六经注我。此近日风气所趋，世或以整理国故之名予之，悬牛头，卖马脯，举秀才，不知书，信在于今矣。”

他的学术见解也在很大程度上跟陈寅恪等人合拍。如他说：

“学问不可趋时或挟势利以行。如唐张鷟在当时文名籍甚，文词行于海外，今所存者，一《龙筋凤髓判》，一《游仙窟》（得自日本）耳。”“学术废兴亦各有时，唯在学者不婞婟而已。”

因此，他虽然没有陈寅恪等人的现当代名声，但他的工作成绩几乎有过之而无不及。范文澜、金毓黻、杨伯峻、龙榆生、陆宗达、殷孟伦、程千帆、刘赜、黄焯、潘重规、徐复等著名学者，在20世纪学术史上影响深远，至今仍是可超而不可越的坐标，而他们都出于黄侃门下。“黄门”说或被学术界称道的“黄门侍郎”，其意义至今少有人挖掘、研究。黄侃的成就甚至让章太炎或所谓的“章黄学”遮蔽了，虽然他和老师章太炎确实都是“乾嘉以来小学的集大成者”“传统语言文字学的承前启后人”。

被忽视的岂止黄侃的学术体系成就，而且他的人格成就也被人们看轻了。人们多关注他的怪诞、趣闻、风流，很少关注他特立独行的意义。他当然有所短，有不足者，如对前贤、朋友、学生苛责，让不少人颜面尽失。他对情欲也是放任的，据说他有过九次婚姻，让多位女性受苦。以至于周作人提起这位大师兄就摇头：“他的国学是数一数二的，可是他的脾气乖僻，和他的学问成正比，说起有些事情来，着实令人不敢恭维。”而他的老师章太炎的夫人汤国梨则公开骂他“有文无行，为人所不耻”，是“无耻之尤的衣冠禽兽”。

对于前者，黄门侍郎及其弟子、再传弟子们可以延续黄侃的学术生命；对于后者，黄侃的老师章太炎先生则早就意识到并谆谆告诫世人，太炎先生晚年还为弟子辩护，“恐世人忘其闳美而以绳墨格之，则斯人或无以自解也。”

这自然涉及黄侃安身立命的问题，他何敢特立而独行？因为他是革命家，是中国文化的天然捍卫者、守望者、发现者和开新者。他超越了新和旧，超越了书斋和社会。

所以他是神圣的，严谨的，他不轻易著述，太炎先生都因此为他着急，批评他的不写书是“不仁”之举。但他坚持自己的原则，他深知“中国学问如仰山铸铜，煮海为盐，终无止境”。他曾鼓励殷孟伦，三十岁以前一定要读完唐以前的典籍，他认为唐以前留下的书不多，并且都是非读不可的。黄侃自己对这些书则不只是读完，用他自己的话说：“平生手加点识书，如《文选》已十过，《汉书》亦已三过……《新唐书》先读，后以朱点，复以墨点，亦是三过。《说文》《尔雅》《广韵》三书殆不能计遍数。”

他的读书、治学精神今人难以企及，甚至被称为“读书种子”的陈寅恪在他面前未必有胜场。陈寅恪三十七岁前几乎一直在欧美游学，而黄侃三十四岁任北大教授时，拜年岁相近、“四代传经”的刘师培为师，研究经学，他们都不为名不为利，只是为了学问。这样的事今天几乎绝迹了。

陈寅恪是广博的，黄侃则是精深的。以1929年黄侃四十三岁时的日记为例，如农历六月十九日至七月四日，读讫《大戴礼记》；七月四日至九日读讫《尚书大传》；九日接着读《韩诗外传》，至十七日读讫；十八日至廿三日读讫《春秋繁露》；廿三日接着读《白虎通疏证》，至八月十二日读讫；十二日接着读《通纬》，用《古微书》、武英殿本《易纬》八种、《学津讨原》本《尚书大传》和玉函山房辑纬书对看，至月末读讫；九月初一至十三日读讫《国语》；十四日至十月十一日读讫《山海经》……到该年十二月，又读讫《穆天子传》《汲冢周书》《战国策》《司马法》《古籀拾遗》……这还不包括其他杂书。

跟陈寅恪一样，他的读书是迫切的、玩命的。陈寅恪读得眼睛失明，黄侃的日记中出现得较多的字句则有："今日读诵甚少，可恨。""读经已恨二毛衰"……所以他跟陈寅恪一样有底气，对中国文化本位有足够的信心；而跟陈寅恪的绅士风度、柔中有刚不同，他是直截了当的刚强、张狂，他有着当仁不让的精神。

因此，他敢于批评老师太炎先生的朋友陈独秀："湖北固然没有学者，然而这不就是区区；安徽固然多有学者，然而这也未必就是足下。"对章太炎先生的经学，他也会批评一声"粗"！另一位老师刘师培为"筹安会"六君子之一。刘师培曾经动员黄侃等人拥戴袁氏称帝，话未说完，向来尊师重道的黄侃即起立："如是，请先生一身任之！"说完拂袖而去，到会的众人亦随之而散。

他的狂是出了名的。年轻的黄侃曾去访王闿运，王是当时的文坛领袖，德高望重，王对黄侃的诗文激赏有加，夸赞道：“你年方弱冠就已文采斐然，我儿子与你年纪相当，却还一窍不通，真是钝犬啊！”黄侃的回答是：“您老先生尚且不通，更何况您的儿子。”一次马寅初去看他，谈到《说文》，他置之不理，马寅初问他，他回答：“你还是去弄经济吧，小学谈何容易，说了你也不懂！”……

他的故事太多了。他和校方有下雨不来、降雪不来、刮风不来之约，因此人称他为“三不来教授”。他坚守典籍，尤重《毛诗》《左传》《周礼》《说文解字》《广韵》《史记》《汉书》和《昭明文选》，被人称为“八部书外皆狗屁”……

他何以敢如此特立而独行？因为他是自觉的革命家，玩命。“九一八”事变发生，他作《勉国人歌》：“四百兆人宁斗而死兮，不忍见华夏之为墟。”他在一生最后一首诗中说：“神方不救群生厄，独佩茱囊未足豪。”他不做自了汉，是真革命之先觉，乃敢特立而独行。遗憾的是，或者说可笑的是，世人多把他看作旧文人的典范，说他只是一种“狂狷符号”而已，甚至他的弟子都不知道他是跟黄兴一起浴血奋战的战友。

只有从现代中国的革命转型中才能理解他的至孝，他的温情。他在生母去世时的反应给朋友们留下了深刻的印象；到1922年夏，他父亲的田夫人去世，黄侃专门在日记中撰写了慈母生平事略。文末云：“孤苦苍天，哀痛苍天！孤黄侃泣血谨述。”每逢生母、慈母生日、忌日，黄侃必率家人设供祭祀，伤恸不已。

他是大学者，但他的性情即使纯粹的才人也难望其项背。黄侃善于吟诵诗章，抑扬顿挫，给人一种身临其境的美感，以至于学生们情不自禁地唱和，成了北大校园一种流行的调子，被师生们戏称为“黄调”。在当时宿舍中，到晚上，各处都可以听到“黄调”。不仅如此，北大学生冯友兰放假回家，还照着黄侃的路数，选了些诗文，给他的妹妹冯沅君（后为陆侃如夫人）讲解，教她“黄调”，引她走上了文学的道路。

黄侃的生活确实就是文学。他说过：“一手持蟹螯，一手持酒杯，便足了一生。”黄侃在自己的宅门上挂了一个小木牌，上面写“座谈不得超过五分钟”。有一次，女学生舒之锐和程俊英去黄侃处借阅杂志，见到木牌后即准备离去，黄侃说：“女学生不在此限，可以多坐一会儿。”

黄侃在现代中国学术上的状态有如现代西方科学中的泡利，黄侃之于章太炎，一如泡利之于爱因斯坦，在当仁不让中继承、发扬。二人都是天才、棱角分明，对前辈、时贤有褒有贬，二人都为当时后世留下了不少的笑料、谈资。不同的是，泡利在当时是被大家承认的，而黄侃的意义只有少数人知道。泡利是专业的、理性的狂妄，黄侃则是社会的、性情的狂放。泡利永远不会写出黄侃那样不朽的情诗：今生未必重相见，遥计他生，谁信他生？缥缈缠绵一种情。

当时留恋成何济？知有飘零，毕竟飘零，便是飘零也感卿。

这个性情中的革命家或学问家因此注定不会德高望重，而是夭折，让泡利的“上帝”早早地收走了。黄侃是好酒之人。“古来圣贤皆寂寞，唯有饮者留其名。”黄侃与酒有不解之缘，却不以饮者留名。1935年10月5日，他与友人登高，持蟹赏菊。一时兴起，饮酒过量，回到家中吐血半盂，两日后不治而亡。太炎先生说：“断送一生唯有酒。”

就在去世前一天，虽吐血不止，黄侃仍抱病点毕《唐文粹补编》，并披阅《桐江集》五册。弟子程千帆先生说：“老师不是迂夫子，而是思想活泼、富于生活情趣的人。他喜欢游山玩水，喝酒打牌，吟诗作字，但是有一条，无论怎样玩，他对自己规定每天应做的功课是要做完的……”

黄侃去世后，他的弟子潘重规才醒悟老师为何玩命一样地投入学问而再不提当年革命事，潘重规写道：“他认为出生入死，献身革命，乃国民天职。因此他觉得过去一切牺牲，没有丝毫值得骄傲；甚至革命成功以后，不能出民水火，还感到深重罪疚。他没有感觉到对革命的光荣，只感觉到对革命的惭愧。恐怕这就是他终身不言革命往事的原因吧！”

# 刘文典：狂与真

现代史是一个狂人辈出的时代。但有的人狂是真狂，有的人狂是佯狂，有的狂是人性的舒发除狂无以寄托，有的狂则是为了狂以外的目的，所谓“翩然一只云中鹤，飞来飞去宰相衙”，虽然，为利益狂似乎是可以原谅宽恕的。最令人叹惜的是：那些狂士们一遇上组织化的力量、政党性的力量就自折了羽翼，一为文人便无足观，在现代史上变成“一进组织便无足观”了。而那些一狂到底的狂士们却也不免为政治借势借力了。在这些狂狷之士中，刘文典算得了一个响当当的汉子。

刘文典年轻时师从大名人章太炎，学有专攻，其《淮南鸿列集解》《庄子补正》《三馀札记》《读〈文选〉杂记》都为一时称誉。1916年他二十七岁时，即被聘为北大教授。“五四”运动前后，担任《新青年》杂志英文编辑，介绍叔本华等哲学著作，译有《进化与人生》《进化论讲话》《生命之不可思议》等。证明他不但是中国古典文学、哲学（指《庄子》）大师，而且对英文、德文、西洋哲学，也有较深厚的根底。

刘文典是国学大师，但他能名闻全国，却始于他对“虎而冠者”的蒋介石的顶撞。1928年，刘任安徽大学校长期间，学生闹学潮，蒋介石传令刘文典当面向他汇报。刘文典对蒋介石给教育部下达的文件里使用了“责令、责成”“纵容学生闹事”等词十分不满，自以为“我刘叔雅并非贩夫走卒，即是高官也不应对我呼之而来，挥手而去！”见蒋介石时，他戴礼帽、着长衫，昂首阔步。蒋介石冲口问：你是刘文典吗？刘文典不仅没叫他蒋主席，反而傲然说：“字叔雅，文典只是父母长辈叫的，不是随便哪个人叫的。”蒋要刘交出在学生风潮中闹事的共产党员名单，并严惩罢课学生。刘文典说：“我只知道教书，不知道谁是共产党。”蒋说：“你这校长是怎么当的？不把你这学阀撤掉，就对不起总理在天之灵！”刘毫不相让：“提起总理，我跟他在东京闹革命时，还不晓得你的名字哩！”刘还说，“你是总司令，就应该带好你的兵。我是大学校长，学校的事由我来管。”说到激烈处，两人互相拍桌大骂，一个骂“你是学阀”，一个骂“你是新军阀”。结果，学阀拧不过军阀。蒋介石把刘校长关进大牢，经蔡元培等人营救，刘文典免去牢狱之灾。

刘文典的另一件轰动全国的事，是1932年夏，他以清华大学国文系主任身份请陈寅恪拟国文试题，陈除出了“梦游清华园记”的作文题外，还出了对子题“孙行者”，让久违了对对子的学生们多不知所措，引起舆论大哗。

刘文典的《庄子补正》共十卷，于1939年出版。由于陈寅恪作序给予较高评价，使刘的身价倍增，获得了“庄子专家”的美誉。每上《庄子》课时，他开头第一句总会自负地说：“《庄子》嘛，我是不懂的喽，也没有人懂！”言下之意，他如不懂，别人就更不懂了。曾有人问他古今治庄子者的得失，他口出狂言：“在中国真正懂得《庄子》的，只有两个人。一个是庄周，还有一个就是刘文典。”还有一种说法是“有两个半人懂《庄子》”，除庄周、刘文典外，还有“半个”，那“半个”，一说是指日本某学者；一说指冯友兰或马叙伦，因他俩都曾从哲学的角度讲授过老庄；一说是指中国的庄子研究者和所有的汉学家。

刘文典看不起文学创作，他认为“文学创作能力不能代替真正的学问”。一次有人问他可知道名噪一时的巴金，他喃喃自语：“我没听说过他，我没听说过他。”在西南联大教书时，他不把朱自清这些“才子”出身的教授放在眼里。当西南联大要提沈从文为教授时，刘文典愤愤不平：“陈寅恪才是真正的教授，他该拿四百元钱，我该拿四十元钱，朱自清该拿四元钱。可我不给沈从文四角钱！”又说，“沈从文是我的学生，他要是教授，我岂不要做太上教授了吗？”在昆明时，某日空袭警报响起，师生们争先恐后往外跑，沈从文恰巧与刘文典擦肩而过。于是他对同行的学生说："陈寅恪跑是为了保存国粹，我刘某人跑是为了庄子，你们跑是为了未来，沈从文替谁跑啊？"

大名士吴宓对刘文典也很敬重，常把自己的诗作请他润饰，还喜欢听他的课。刘文典也不介意，他讲课时喜欢闭目，讲到自以为独到之处时，会忽然抬头看向坐在后排的吴宓，然后问："雨僧（吴宓）兄以为如何？"每当这时，吴宓照例起立，恭恭敬敬一面点头一面说："高见甚是，高见甚是。"惹得学生们在底下窃笑。

刘文典跟传统中国狂狷之士一样，追求修辞的极致，语不惊人死不休。这方面有很多例子，比如流传至今的"观世音菩萨"，刘文典就借用来表达对诗的看法，他说，什么是诗，观世音菩萨即是。观世者，观察客观世界也；音者，音韵之美也；菩萨者，觉有情也。学生向他讨教如何写好文章。他信口说："只须注意观世音菩萨就行了。"学生不解。他说："'观'，是要多观察；'世'，是要懂得世故；'音'，是要讲究音韵；'菩萨'，即是要有救苦救难，为广大老百姓服务的菩萨心肠。"

## 吴清源：超男的神话

1924年，年仅三十二岁的吴毅去世。临终前，他把三个儿子叫到床头留下遗嘱："把书法留给吴浣。……把小说留给吴炎。……把围棋留给吴泉。"他的话应验了儿子们的命运，可能他自己也没有想到，十岁的儿子吴泉由段祺瑞取字为清源，成为中日围棋史上的一个神话。

但吴毅是了解儿子的围棋天分的。还在吴泉七八岁时，吴毅就带着他到北京宣武门大街的"海丰轩"，在当时是中国一流围棋高手顾水如、刘棣怀、崔云趾等人经常出入的场所，他对渐入暮年的汪云峰说："您能跟我儿子下一盘吗？"这一请求开始了吴泉的围棋生涯。他跟一流高手们过招，四年后，即战胜了中国第一强刘棣怀先生。这个围棋界的"超级男生"在当时享誉京城，跟当代的“超男”“超女”们相比，他所受到的关怀、爱护也几近神话。

父亲病逝，家道中落，十一岁的小吴泉在顾水如们的安排下，到喜欢围棋的段祺瑞的公馆里下棋。段祺瑞看了他的棋后，当场表示，给吴泉提供资金，每月一百元（当时的中学教师月收入才五六十元）。超男开始支撑起全家人的生活。段还对顾水如提议给吴泉取字，吴清源由此而名。

吴清源到日本人俱乐部里下棋时，为商人山崎有民注意。山崎认为，中日棋手之间的水平存在着相当大的差距，如果没有一个优秀的老师指导，那么像吴清源这样的天才将会被埋没。在山崎看来：“这不仅仅是为了吴清源一个人，同时也是致力于日中友好的一个举措，而且还与日中围棋事业的进步有关。”

山崎给当时日本的著名棋士濑越宪作写信，并把吴清源的棋谱寄给他。濑越发出了“秀策复生”的感慨，秀策是日本幕府末期的天才棋士。这让山崎坚定了信心，他开始安排吴清源学习日语。

同时，濑越也行动起来，他后来说：“为了棋道，我决心要促成这位少年前来日本，使他成为名留史册的棋士。”他首先找犬养毅，希望犬养毅给日本驻中国公使写信，让公使劝说吴清源的家人。这位支持过孙中山革命的日本政要问了濑越一个问题：“如果真把这么出色的少年接到日本来，以后你们不就要成为他的手下败将了吗？”濑越回答说：“这正是我的愿望所在。为了围棋，也为了促进日中和睦，我愿意这样。”

瀬越接着去找日本棋院的副总裁大仓喜七郎，他希望大仓能给吴清源全家提供最低限度的生活保障。不懂围棋的大仓说：“既然你这么说，那么这个少年肯定差不了，行，我来资助他们。两年之内，每月两百日元怎么样？”

小吴清源去日本的事基本落实。1928年10月，吴清源在母亲、大哥的陪同下，东渡日本。在东京，瀬越宪作、名人本因坊秀哉和日本棋院的棋士都去迎接他。日本报界报道的标题则为：“天才棋客来临”“麒麟少年吴清源来日”，等等。最初的动议者山崎给日本棋院的机关杂志《棋道》投稿说：“日中关系一直处于混沌的状态，只有围棋界为了日中关系的和睦还在努力。”

一个月后，山崎回到北京。吴清源在日本受到欢迎的消息在北京已经广为传播，北京的报纸对日本国民回报了赞美之词。山崎回忆说：“极力主张排日的亲美派报纸《益世报》也对日本人的这次热情举动不惜版面加以称赞。北京基督教青年会是排日的一个团体，而我回到北京后不久，这个青年会却为我举行了欢迎会。”青年会的一个代表发言说：“在吴清源的这件事情上，无论我们怎样做都不足以表达我们的感激之情。”北京《晨报》评论说：“我们应该暂时把排日的感情放在一边，努力去发现日本人的优点。”

日本《棋道》杂志在这一年十二月号卷头上，刊登了题为《欢迎少年吴清源》的文章：“人们早已竞相传说的这位少年的非凡天分，已经得到证实。现在，他就要加入我们日本的棋院。自围棋传入日本一千多年以来的历史中，还从来没有过像现在这样令人高兴的事情。”

一个天才的成长，虽经乱世，但仍遇上珍惜天才的人和环境。今天看来，恍若神话。吴清源去日本前，还遇到了梅兰芳，这位在另一领域里已经有非凡成就的大师，鼓励吴清源：“去了日本好好学习，早日成材。”三十年后的1956年，两位大师在东京重逢。

# 蒋廷黻：权宜的人生事业

从某种意义上说，我国的现代史是一部留学生们创造的历史。留日、留法、留英、留美的学生们学到了与传统中国教育完全不同的现代观念、思维方式和文明模式，他们回国以各自的所学汇入到社会的变迁之中。其结果，就是列强之间的国家竞争力较量，最为直接地演变为我国社会的内政内争，用一个曾流行的词，演变为他们各自的“代理人”较量。这些代理人虽然多表现为军阀、政党，但最终由留学生群体操控。

但是，留学生们所受的教育，再纯粹，也架不住传统和社会强加其上的人生变异。用一句斗争框架来说近代史，在很大程度上是留法留日的学生战胜留英留美的学生的历史；即使留学英美的学生，同样经历了背叛。留学英美的学生一向被称为深味个人价值和理性思维的精髓，因此他们的人生变异自然格外让后人慨叹。这方面，以《中国近代史》名世的蒋廷黻就是一个典型。

1906年，十一岁的蒋廷黻便进入湖南湘潭的长老会学校，其间深受美国传教士林格尔夫妇的影响。十七岁那年，蒋廷黻远游美国，十年之后获得美国哥伦比亚大学哲学博士。他所受的西式教育前后达十七年之久。1923年蒋回国后在南开大学、清华大学任教。从南开到清华，蒋廷黻度过了十一年的教书生涯。治学时间虽不长，但在学术界的影响较深，被誉为“一代学人”“中国近代史研究的拓荒者”。

蒋廷黻首倡研究原始档案资料，他身体力行，为搜集和整理中国近代外交原始资料付出了大量的心血。为了搜寻史料线索，他想方设法地联络各方鉴定家、收藏家，频繁地访亲问友。为了掌握李鸿章1896年至1900年期间从事外交活动的史料，他走访了许多李鸿章的旧部，或助手，或秘书，一有机会就把话题引到资料的搜集上。收藏资料成了他和有识之士的癖好。一次，国立北平图书馆馆长袁同礼和蒋廷黻一起去一位私人收藏家那里。他们一起相互监视，找资料时，袁问蒋对哪一方面特别有兴趣。蒋说找到两本小册子，一本是《文祥年谱》，一本是有关鸦片买卖的书。袁似乎不感兴趣，蒋私下很高兴。二人分手后，袁回图书馆，蒋回俱乐部；等袁远离蒋的视野时，蒋就转回去买那两本书。当他半小时赶到向书主购书时，主人告诉他袁先生已经捷足先登把书买走了。这种材料搜集不负有心人，经过多年努力，蒋编纂出我国第一本《中国近代外交史资料辑要》，为日后中国近代外交史的研究铺平了道路。

蒋廷黻在传播现代研究方法的同时，又引进了新的研究观念。他强调要借鉴外国人看中国的见解，多听听旁观者的话。蒋廷黻撰写了许多专题论文，跳出了中国传统的“虚骄”史证的旧套子。对悲剧性的近代史，他并不大骂外国人，因为他认为19世纪帝国主义侵略是一个历史事实，侵略的对象也不只是中国，要紧的是看我们如何应付帝国主义侵略，所采取的策略得失利弊如何。蒋自己的研究结论是，晚清和世界列强签订“不平等条约的根源，一部分由于我们的无知，一部分由于我们的法制未达到近代文明的水准”。

当今享誉世界的华人史学大家何炳棣出身清华，他认为，当年的清华历史系在蒋廷黻领导下，隐约形成了一种学派，这是与清华国学院的王国维、陈寅恪迥然不同的另一种清华学派：重分析、重综合、重对历史的整体理解。蒋廷黻本人就是这一学派的身体力行者。这从一件小事中可以看出蒋对传统治学的颠覆：蒋廷黻问公认的汉代史权威杨树达先生：“杨教授，你能给学生和我正确扼要地讲一讲汉代四百年间都发生过什么事，汉代重要的政治、社会和经济变化如何吗？”名闻天下的杨先生面有难色，表示自己从未想过这些问题，说书中也没有讨论过。

但蒋廷黻却是要讨论这类问题的。1938年5月，蒋廷黻卸任驻苏大使，在汉口赋闲待命。应《艺文丛书》的编者之邀，他用了两个月的时间写出《中国近代史大纲》。全书五万余字，分四章二十二节，从鸦片战争写起，到抗日战争前夕结束，近百年的历史写得深入浅出，好看耐读。有人说，自20世纪初至今研究中国近代史的人员已形成一个庞大的群体，出版的各种著作也可谓汗牛充栋，但真正可成为传世之作的却很稀少。蒋廷黻的《中国近代史大纲》一书，虽仅五万余字，却可谓字字珠玑，堪称“这座偌大著作堆垒成的金字塔”的塔尖。何炳棣感叹说：你看一本薄薄的《中国近代史大纲》，将史料都吃透了，融合在他对历史的独特看法之中。半个世纪以来，又有几本近代史著作超过了它？当今专为获奖的“皇皇巨著”，通通加起来也不及这本小册子的分量。“什么叫经典？这才是经典。”

在这部传世之作中，蒋廷黻开篇总论说：“近百年的中华民族根本只有一个问题，那就是，中国人能近代化吗？能赶上西洋人吗？能利用科学和机械吗？能废除我们家族和家乡观念而组织一个近代的民族国家吗？能的话，我们民族的前途是光明的；不能的话，我们这个民族是没有前途的。”

这部杰作至今无人超越。关于历史人物的论述也至今新鲜，比如他对琦善和林则徐的评价不仅与众不同，石破天惊处直指人的心智。蒋廷黻说，琦善在鸦片战争中，军事方面虽无可称赞，亦无可责备，外交方面则审察中外强弱形势和权衡利害轻重，“实在是超越时人”。蒋廷黻认为，林则徐在鸦片战争前被罢黜，是林的终身大幸事而中国国运的大不幸。“林不去，则必战，战则必败，败则他的声名或与叶名琛相等。但林败则中国会速和，速和则损失可减少，是中国的维新或可提早二十年。”

非常个性化的表述方法是蒋廷黻的特色。在他的书中，一切仿佛都是客体，他永远是站在客观超然的裁判地位，所以他冷静，叙述和评论不失锋芒。在他的书中，没有绝对的英雄，也没有绝对的败类，林则徐可以批评，李鸿章可以表扬，全凭他们在当时当地的行为表现。从这个角度来说，蒋廷黻并非刻意标新立异地追求个性，个性化只是表象，理性化才是其实质。

蒋廷黻留学欧美，受自由主义的影响很深。但是，他的理性思维回到中国社会或中国问题上却稍微变形了，他的理性并非落实于个体本位，而是落脚于国家利益。在谈及他跟胡适的分歧时，蒋廷黻说胡适“对自由议会政府的想法太天真”。他们之间的分歧“不是原则问题，乃是轻重缓急问题”。为了他自觉到的轻重缓急，蒋赞扬“新式的独裁”，即所谓开明专制，反对革命。

蒋廷黻在鼓吹“新式独裁”的文章《革命与专制》中说：“我们中国近二十年为革命而牺牲的生命财产，人民为革命所受的痛苦，谁能统计呢？”“在中国近年的革命，虽其目的十分纯洁，其自然的影响是国权和国土的丧失。我们没有革命的能力和革命的资格。在我们这个国家，革命是宗败家灭国亡的奢侈品。”他思想的核心部分就是切望中国能够早日现代化，他的理性或个性完全立足于此国家利益，为此他曾说：“倘若道德与国力相冲突，我们应该即刻修改我们的道德观念。”

因此，虽然蒋廷黻跟胡适、丁文江们一起创办《独立评论》，蒋在创刊词中宣称“我们希望永远保持一点独立的精神，不依傍任何党派，不迷信任何成见，用负责的言论来发表我们思考的结果：这就是独立的精神。”但他的独立仍有权宜：国力、主权大于个人。

这种独立的权宜使蒋不满足于治学，而要进入实际操作。在蒋介石的安排下，翁文灏、蒋廷黻、吴鼎昌等人“出山”（离开学界）进入政府做官，胡适曾用杨万里“在山作得许多声”的诗句，劝他们回来致力于文化教育工作。蒋廷黻说：“我个人的去留无关宏旨，这也未必就是理想的‘出山’机会；但我认为，如果非要等到理想的时候再‘出山’，‘恐怕大事已去矣’。”这个辩解并非无懈可击。胡适只能再次寄语：“为语麻姑桥下水，出山要比在山清。”

个人的品质当然在起作用。蒋廷黻以英美式的理性几乎独自抗击传统官场的“潜规则”了。进入政府之初，蒋廷黻研究了政府部门的结构，发现机构臃肿摩擦的现象之严重，大大影响了行政效率。蒋介石要他尽快拿出改革建议，他拟了一份精简机构的方案，却遭到有关部门官僚和党内政客的激烈反对。他按照西方政治的规则，提出官员必须以实名申报财产，但到处游说，无人响应。抗战期间，重庆电力非常缺乏。灯光昏暗，即使如此也是有限制的。在一次行政院会议上蒋廷黻提议采取日光节约时间，每年四月一日将钟拨快一小时。孔祥熙第一个表示反对，他说他从未听过这种办法，他不明白人如何可以任意将时间提前或错后，他说他同意提早办公时间，但不同意随便将钟拨快。徐堪极力支持孔的意见，谴责蒋廷黻干扰时间，破坏自然。后来，美国人提出了相同的建议，遂又被采纳了。

如此书生意气地触犯众怒，力邀他入阁的蒋介石也只能下手谕，把他调离岗位，他虽然自称“局内的局外人”，却仍愿意入局做官。自1935年他以非国民党党员的学者身份从政开始，就再也没有回到学界。他做过国民政府行政院政务处处长，抗战期间任驻苏联大使。1942年，蒋廷黻问好友陈之迈：“这场战争我们是必胜的。胜利之后你想做什么事？”陈答说：“我想回清华教书……”蒋则说：“希望政府派我当台湾省政府主席。”陈不解，说你是湖南人，为什么要去台湾当省主席？蒋廷黻说：“台湾自甲午战争以来即为日本的殖民地，战时又受到许多破坏……政府有义务、有责任，好好地为台湾同胞服务……”

在蒋廷黻看来，“我国几千年来最无贡献的阶级是士大夫。我心发火的时候，不免要对秦始皇的焚书坑儒鼓掌”。李敖因此说：蒋廷黻“所要求于知识界的，是动态、是入世、是事业、是实物，是书本以外、是主义以外、是文字以外、是‘清议’以外，是与小百姓同一呼吸”，“这种真正的民胞物与经世致用的精神，才是蒋廷黻的真精神，才是蒋廷黻要求于中国知识阶级的真精神”。这样的知识分子当然可爱，进入官场也可以做到出污泥不染，但未必有为。在澳洲外交官眼里，蒋廷黻“他是一个简单的人，不复杂的人。他像一头牛，充满着笨劲，一直往前冲，眼睛只往前看”。许纪霖因此借用一则西谚，形容蒋廷黻为“瓷器店中的猛牛”。

蒋廷黻晚年，故交李济曾问他：“廷黻，照你看是创造历史给你精神上的快乐多，还是写历史给你精神上的快乐多？”他没有正面作答，而是以惯熟的“外交辞令”反问道：“济之，现在到底知道司马迁的人多，还是知道张骞的人多？”

知其不可为而为，其意也许在此。他的权宜因此在那样一个乱世令人伤感，他人生观的核心是有所贡献于社会，成就一番事业：“中国士大夫阶级不以财产为人生最高目的而重视事业，这就是中国文化的最大成就与最高目的。”他的孤独或落寞也许有着文化、创造历史等等观念上的安慰。只是处于那样一个时代，他的入局或做事注定是悲剧性的。他从英美文明眼里划分了我国军阀的等级，却仍不免要去服务于“一等”的军阀蒋介石。

1944年，他出任联合国善后救济总署“中国”代表及“台湾当局行政院善后救济总署署长”。1947年，任国民政府驻联合国常任代表。1950年美国在侵略朝鲜的同时，公然于6月27日宣布占领中国领土台湾。中国提出抗议，并向联合国安理会提出控诉美国侵略台湾案。8月31日安理会将中国控诉案列入议程，但把议题改为笼统的“控诉武装侵略福摩萨案”。9月19日，周恩来总理兼外长向联合国提出，在联合国讨论这一议程时，必须有中华人民共和国代表参加。9月29日安理会接受了中国的要求。10月23日周恩来任命伍修权为大使级特别代表，率领中国代表团赴纽约出席安理会会议，讨论美国侵略中国的控诉案。在安理会会议上，伍修权以两个多小时的发言时间，揭露和控诉了美国侵略台湾的罪行，抗议联合国在美国操纵下，直至今日还容留中国国民党反动残余集团的“代表”，冒充代表中国人民坐在这里开会。据说说这番话时，“伍修权犀利的目光扫了台湾国民党代表蒋廷黻一眼”。不知道蒋廷黻先生当时作何感想。

1957年，蒋廷黻当选国民党中央研究院人文组院士。1961年冬，任台湾当局驻美大使。1965年，蒋廷黻在谈到对美宣传时说：“尽管美国的知识分子如费正清、留美学人如何炳棣，对我们并不友好，但仍应设法拉拢。”

他的个性化语言何在？理性落于何处？“国家利益”又如何体现呢？

# 傅斯年：阳气不足的知识精英

我在不少文章中对近代史上的人格成就评价很高，但这种评价并不代表对他们的全然肯定，更不用说对那一历史时期的全盘称道。我强调过自己并不向往那个年代，那个年代同样是需要我们中国人告别的。那个年代的人有性格，有学问，甚至有德性，在很多方面可以成为我们做人的榜样，但我们不必把他们进行想象性抬高，他们中有一些人当得起圣贤称号，但不是所有人都心胸坦荡而光明。因此，我并不赞成文化人今天追慕他们，美化他们，一味沉浸在对他们的赞美情怀中。

我说过宋、明以来的上层精英阳气不足，作为知识阶层的男人更是自律自我阉割。因此，这些民族的精英们难以独立完成近现代的中国转型任务，而不得不求诸野或域外的势力。转型虽然一度给予知识人自由，知识人确实在确立中国的现代出版业、现代大学教育、现代新闻业等方面做了不少贡献；但知识人并没有健全的角色意识。因此，除了陈独秀、鲁迅、梁漱溟、陶行知、晏阳初等圣贤式个人担当外，知识人始终没能摆脱依附性人格的局限。

以傅斯年为例，这个“五四”时代的英雄，被他的朋友们称道的学术活动家，在建设中国现代学术共同体的过程中起了很大的作用，他在考古学、历史学等领域的学术组织工作极为出色，陈寅恪、钱穆等人因此以为中国的学术共同体在日本侵华前有了萌芽。不仅如此，傅斯年做官清廉，不畏权贵，除蒋介石外，一切人都为他当众批评，时人称为“傅大炮”，这些都可圈可点，一再被当代文化人称引。罗家伦说：“傅斯年是元气淋漓的人。”胡适说过，傅斯年是“人间一个最难得最稀有的天才”。

但如探寻历史的合理性，我们可以看到，现代中国知识阶层之所以丧失社会基础，萌芽的学术共同体很快为战争而撕裂，小平头知识分子借助于民粹的力量来推翻知识精英们的制度建设，也正是跟傅斯年这样的知识精英或学术权贵的行为相关。傅斯年的无私其实止于他依附的圈子，他并没有做到大公。他参与创建的中央研究院历史语言研究所并没有抵达大公的境界，究其实是他和同人们的平台而已。说白了，傅斯年是一个排他性极强的学霸。

傅斯年的火暴脾气开拓有余，做“大将”敢冲敢闯，但他自身始终无容人雅量。除了最高政治领袖蒋介石以及他的校长蔡元培、他的老师胡适等有数的几人外，他对别人并无同情的理解。他始终生活在蔡、胡等巨人的阴影里，或说活在他们组成的圈子里。他对圈子外的人最多有一种旁观者的理性，如说“陈独秀是中国革命史上光芒万丈的大彗星”这样的话外，对圈子外的人和机构并没有交往沟通的理性。看傅斯年在中央研究院跟朱家骅、杭立武的信函来往，总不免让人想到哥们儿间的事务。甚至有同窗之谊的顾颉刚，也受不了傅斯年的霸道，一度跟他“割袍断义，不再来往”。顾放弃跟傅共事，跑到燕京大学任教，傅还觉得失了面子，托人捎话告顾：“燕京有何可恋，岂先为亡国之准备乎？”顾反唇相讥说：“我入燕京为功为罪，百年之后自有公评，不必辩也。”

1941年冬，燕京大学的毕业生王世襄千里奔波，行程一个多月流亡到重庆，找到他哥哥的同学梁思成，已经闻名海内外的大建筑学家梁思成带他去找傅斯年，想到傅的历史语言研究所谋一饭碗。见面后，傅斯年问清王的门第出身，当着梁思成的面，说了一句：“燕京大学毕业的学生，不配到我们这里来。”这样将王世襄轰了出来。灰头土脸的王只好跟着梁思成到南溪县李庄中国营造学社暂住。

如果王世襄先生理解傅斯年的圈子心理以及中国知识人角色意识的欠缺，他也许不会在晚年回忆此事时仍充满了感慨与悲凉；我们甚至设想，如果他了解傅斯年对他的师辈陶孟和都绝情的事实，他也许会释然很多。不过也许因为中国学术界的代表人物的粗暴，才成就了一个稀有的文化名人。王世襄大半生在学术体制之外，他不依傍门户而在众多的领域内卓有建树。幸，还是不幸，很难说得清楚。

1941年10月，陶孟和带领他的中央研究院社会科学研究所全体人员，也向李庄搬迁时，不得不向他学生辈的傅斯年乞求："张家大院之房，务请拔几间给社所暂用，顷社所已去十余人。"但傅斯年根本不为所动，听任陶孟和跟李庄的士绅协商，化整为零寄居在有空房的当地人家中，直到第二年春夏才在附近找到落脚点。

傅斯年的"目空天下士"，豪气不足，霸气有余，伤害了一批读书人。曾任北大教务长的陶孟和脱离北大后，筹建北平社会调查研究所，这在中央研究院的人看来有另立山头、抢地盘之意，蔡元培、丁文江劝其归顺中央研究院不果，傅斯年等人就跟任鸿隽串通，切断陶孟和的经费来源，逼得陶孟和只好把他的队伍从北平拉到南京，成为中央研究院下属的一个小机构。这种种冲突导致书生气十足的陶孟和对傅无好感。金岳霖说陶孟和本可以做蒋介石的大官，陶也确实以无党派人员和自由知识分子的身份，出任了国民政府参议员，但陶对国民党由失望到反感，他称引这样的话："国民政府已经烂到核心了（Rotten to Core），就是说不可救药了。"在这种认识面前，他的学生辈傅斯年以社会名流身份，仍以自家人自家事自居，竭力维护这个"核心"，只会让他心生厌恶。这种悲剧，导致陶孟和在苦闷与痛苦中思想越来越“左”倾。

傅斯年的学霸作风非止一端，他的学术政治一度玩得炉火纯青。社会学家吴文藻及其弟子费孝通等人抗战时期流寓昆明，在云南大学社会学系创办了民族学会，这不仅是另立山头，而且违背了傅斯年“中华民族是一个”的爱国原则，傅斯年不仅写文章批驳，更给中央研究院代院长朱家骅等人写信说：“夫学问不应多受政治支配，固然矣。若以一种无聊之学问，其想影响及于政治，自当在取缔之列。吴某所办之民族学会，即是专门提倡这些把戏的。他自己虽尚未作文，而其高弟子费某则大放厥词。若说此辈有心作祸固然不然，然以其拾取‘帝国主义在殖民地发达之科学’之牙慧，以不了解政治及受西洋人恶习太深之故，忘其所以，加之要在此地出头，其结果必有恶果无疑也。”在这种情况下，吴文藻、费孝通也就只好关门大吉了。

文人相轻，自古而然。但近代中国知识人本有知识报国报世的自觉，他们却仍然彼此不容，党同伐异，因名因信称义，站在真理或知识的碎片上彼此伤害甚至屠杀，依附权力来解决争端。这是大可叹惜之事。至于等而下之的知识人，或投靠军阀，或寄食豪门，或给政治张目，更是数不胜数。不能独立不论，他们作为一个共同体，最多有同人圈子意识，而无集团观念，无现代共同体生存意识，由此酿成各种悲喜剧。

陈独秀之子陈延年到苏联学习时，吃饭、穿衣、住房，皆为学校供给。虽然是黑面包，里面常有干草，菜也只是配给，不能吃饱，但陈对郑超麟说："我一生未曾过这样好的生活。"落魄的郭沫若和郁达夫在小酒馆醉酒后，突然跑向街中间，郁达夫向着一辆飞来的汽车，以手指做手枪状，大呼道："我要枪毙你们这些资本家。"郭沫若则伤心两人是"孤竹君之二子"。这些"小平头知识分子"因关怀社会民生，并从自身生存经验中接受了"左"倾思想，本能地排斥强势阶层。就是陶孟和、吴文藻、费孝通这些当时被视为自由派的知识分子，也因为学术研究而被歧视、排斥，逐渐接受了新的政权。

费孝通晚年对上海的朱学勤说："对旧知识分子，我一直看不起，在我眼中，真正好的没有几个。""我对知识分子也看穿了，没有多大本领，都是假的本领。自己吃饭的本领有，真的要管理世界的本领没有。"费孝通甚至直言不讳地说当年的知识分子跟现在的知识分子没有什么差别："一般知识分子都是同现在的知识分子差不多，都没有本领，没有气节，没有东西。"费孝通说知识分子的通病是"庸俗"。这已经不是一个社会学家的语言，而是市井或政治人物的语言了。

如果不带偏见地看费孝通晚年的"总结陈词"，他仍说出了知识分子或说上层精英的通病。他们在囚徒困境中仍不能合作，而要借助于权力、外力甚至民众的力量来博弈，"先富起来"以出人头地，搞定对方以求一己平安。他们是依附的，不懂得自由的界限，他们不是自由人。"那些希腊诗人都是些高贵的公民，他们且是政治家，是重甲兵，他们自己是自己的保护人，从不望人家施什么恩惠。”他们又是狂妄的，以为我之不出如天下苍生何。他们少有希圣希贤的愿心，更少一人成佛千佛来相扶持的随喜功德心，更谈不上自处共处的交往沟通理性。

因此，当代人可以从现代知识分子的吉光片羽中怀旧，但切不可把他们说得太高，尤其不可在津津有味地谈论前代人的优点时露出了遗少气，尽管阳气不足的人归属于遗老遗少。历史学家和社会学家更应该总结一代民族精英治国报世的经验教训，否则，后人哀之而不鉴之，亦使后人复哀后人也。

# 丁文江：学术与政治

丁文江出生于江苏泰兴一个绅士家庭，十岁时即已读完四书、五经，《纲鉴易知录》《四史》《资治通鉴》等，还涉猎了古人最为推崇的陆宣公（贽），史督师（可法），又读《日知录》《明夷待访录》，王船山的《读通鉴论》等。他以读书为乐，塾师问他："愿闻子志。"他答说："还读我书。"十一岁时作《汉高祖明太祖论》。十三岁考中学院秀才。在湖南攸县学院，他遇到了提倡新学的龙研仙，龙研仙听说丁文江有异才远志，以《汉武帝通西南夷论》面试。见丁文江多有阐发，大为惊叹，许为"国器"。纳为弟子，潜心悉教，并力劝丁家把小文江送去日本留学。当时出国留洋，无异是大义不道。在泰兴这样一个"风气锢塞"的"滨江偏邑"，更是辱没先祖的丑事。所以受到了“亲友多疑阻，先严不免为所动”。龙除了劝导，还替文江设法托了湖南的胡子靖先生把他带到日本。1902年秋，十五岁的丁文江到日本。两年后，十七岁的丁文江到英国。年轻人的运气极好，在游学途中，几乎身无分文，他先后得到林文庆、康有为、罗昌、吴稚晖、约翰·斯密勒等中外人士的帮助。他在英国爱丁堡乡镇生活两年，考入剑桥大学，因费用不足退学，考医学不果，入格拉斯哥大学攻读动物学和地质学，获双学士学位。1911年学成回国。丁文江在去世前一个月，站在衡山列光亭龙研仙先生的碑前，向朱经农述说了龙研仙的知遇之恩，他说，若不遇龙先生，他的一生则会完全不同。



丁文江游学近十年回国，从越南入昆明，一路上旅游考察，发现“最新中国地图”的错误，调查地质矿产，并由贵州少数民族而起人种学研究兴趣。他到北京参加“游学毕业考试”，获“格致科进士”。辛亥革命爆发，他在家乡编练民团，保境卫民。1912年，他到上海教中学。1913年，他二十六岁时，应邀到北京任工商部矿政司地质科科长。从此开始了他进入民国政、学中心的奇特生涯。这个年轻人获得如此进入社会上层的平台，极为胜任，并奇异地早熟。他任所长的中国地质调查所，是中国现代成立最早的科研机构。在他的领导下，该所迅速成为中国“最有光彩”的学术机构，在国际学术界也赢得了声誉。陶孟和先生说：“仅就他对于地质学的发展一端来说，在君足可以称为学术界的政治家。”

在当时中国现代学术体制、学术规范和学术共同体初创的艰难时期，丁文江是最坚定的奠基者之一。当北京大学地质学系的第一批毕业生到他那里找工作时，他拿出十种岩石让其辨认，结果没有一个人及格，他找胡适和校长蔡元培，为后者谋，提出学校整改办法，从而使北京大学在学科建设上迅速跟国际接轨同步，为中国培养出了许多地质学家、古生物学专家。

丁文江是一个重实践的人，他在《地质汇报》第一号的序言中引述了德国学者李希霍芬的一句话，那话说：“中国的读书人最好安坐室内，不肯劳累身体，所以，他种科学也许能在中国发展，但要中国人自做地质调查，则希望甚少。”丁文江说：“现在可以证明此说并不尽然，因为我已经有了一班人能登山涉水，不怕吃苦。”1916年，地质研究所首批学生毕业典礼，丁文江代表教师讲话，他充满激情地描述了地质调查的莫大乐趣，“此中佳境，虽南面王亦何以易？况吾国西部诸山脉，如昆仑、如南山，皆坐待诸君之游屐，他日登绝顶，揽奇胜，则泰山不过一小阜，西湖不过一泥沼耳。”他自己也身体力行，多次到茫茫荒野进行地质考察，有时会同几位助手，有时孤身一人，踏遍万水千山。他曾攀登海拔四千多米的牯牛寨，两次横渡金沙江深谷，栉风沐雨，筚路蓝缕，其中的艰难险阻，超出常人想象。丁文江自述：“我初次在北方过冬，去山西作调查，御寒的衣具由于想不周到而没有齐备。早出时温度平均都在零摄氏度以下，最低到零下18摄氏度。上浮山时遇上了大雪，上蒙山时遇上了大风。在蒙山顶上，12点的时候，气温还在零摄氏度以下，真是艰难。但这是我第一次在为祖国做测量，情绪很好，还是苦少乐多。”

自从英国留学回国后在上海教书，丁文江开始取得个人收入，他为此担负起赡养父母和教育兄弟的义务。一直到他去世，全家的重心都在他身上，家庭的经济负担也都压在他的身上。当时除了劳动报酬之外，他没有任何额外收入。要维持一家人的生计，相当不易。四弟丁文渊在欧洲留学，经济完全靠他负担。丁文渊先在瑞士楚里西大学，后来到德国学医。在瑞士的时候，丁文江的同学好友曹梁厦先生任留欧学生监督处的秘书，主动对丁文渊说："令兄不是有钱的人，不应当让他独自担负你的学费。照你的学历，你可以申请官费。现在教育部和江苏省的官费都有空额，你不妨写信给文江，要他设法给你办官费。他和留学生监督沈步洲，教育部次长袁希涛，高等教育司司长秦汾都是老朋友，你又具备资格，你申请一定会被核准的。"丁文渊把曹先生的好意致信其兄丁文江，要他去设法办理官费留学。丁文江回信告诉四弟说："照你的学历和我们家中的经济状况，当然有资格去申请。不过你应当知道，在中国，比你更聪明，更用功，更贫寒的子弟实在不少，他们就没有像你有这样一个哥哥能替他们担负学费，他们要想留学深造，唯一的一条路就是争取官费，多一个官费空额，就可以多造就一个有为的青年。他们有请求官费的需要，和你不同。你是否应当细细考虑一番，是不是还想用你的人事关系来占据一个官费空额，我劝你不必为此事费心。我既然答应担负你的学费，如何节省筹款，都是我的事，你只要安心用功读书就行了。”

丁文江的负担超过了他的收入，他不得不变卖省吃俭用盖起来的房子，做丁文渊留德的学费。最后实在没法负担一家人的生活费用时，只好辞去地质调查所所长之职，而到收入较高的北票煤矿公司去工作。在官商合营的公司工作，他有机会跟南北军阀接触，开始了解中国政治的实情。当时军阀连年混战，政治黑暗无比，许多人都对“政治”彻底失望。所以，当胡适发誓“二十年不干政治，二十年不谈政治”时，丁文江反驳说：“你的主张是一种妄想：你们的文学革命，思想革命，文化建设，都禁不起腐败政治的摧残。良好的政治是一切和平的社会改善的必要条件。”他说，“要认定了政治是我们唯一的目的，改良政治是我们唯一的义务。不要再上人家的当，改良政治要从教育实业着手。”丁文江在与朋友谈话时，经常提醒“不要上胡适之的当”，并说“改良政治要先从思想文艺着手”。

为改造政治，他与胡适等人于1922年创办了《努力周报》，发表大量文章力促“好人”出来从政。他们的“好人主义”或“好人政府”很快付诸实现，只是好人内阁成立不到两个月即宣布解散。《努力周报》也坚持了一年多被迫停刊，事实上，仅有好人是解决不了中国政治问题的。好人政治跟孙中山的先知先觉带动后知后觉和不知不觉异曲同工。尤其当丁文江信奉科学主义时，政治在他那里就如同社会工程，极易被纳入科学治理的范畴，这是他跟胡适最终做了旁观的分析者、并认同了权威政治的原因。

1923年，张君劢在清华大学作著名的“人生观”演讲，以宋明理学杂糅柏格森、奥伊肯等西方现代生命哲学，说明“科学无论如何发达，而人生观问题之解决，决非科学所能为力”时，引起了丁文江的强烈反对。丁文江以马赫、皮尔生等人的经验论科学观为武器，反驳张君劢的论点，成为“科玄大论战”中“科学派”的主将。为了论证“科学的人生观”，他把达尔文的进化论诠释成一种“道德的”学说：“故天演之结果，凡各动物皆有为全种万世而牺牲个体一时之天性，盖不如是不足以生存也。”“所以我的宗教定义是为全种万世而牺牲个体一时的天性，是人类同动物所公有的。”这大概是留学过西方、当时中国一流的头脑们如丁文江、钱端升等人牺牲个体接受独裁的原因。

但丁文江的旁观政治并不表明他是一个书斋里的学者，是一个“自由民”或“自了汉”。他主张“从自我做起”。他批评那些对现世不满又一味指责别人、自己什么都不作的人说：“第一是要保存我们‘好人’的资格。消极地讲，就是‘不作无益’；

积极地讲，是躬行克己，把责备人家的事从我们自己做起。”他说，“我们中国政治混乱，不是因为国民程度幼稚，不是因为政客官僚腐败，不是因为武人军阀专横——是因为‘少数人’没有责任心和没有负责任的能力。”他说，“只要有几个人有百折不挠的决心，有拔山蹈海的勇气，不但有知识而且有能力，不但有道德而且要做事业，此种风气一开，精神就要一变。”他还说，“……天下事不怕没有办法的……最可怕的是有知识有道德的人不肯向政治上去努力。”

丁文江任北票煤矿公司总经理期间，把大部分的精力都用在了政治上。当时政治混乱，内战迭起，人心恐慌，无法安心生产。丁文江很希望军阀们能够接受现代的、科学的眼光。据说，他对各路军阀的籍贯、年龄、出身、天资高低、教育程度、生活习惯、彼此关系、部队数量、训练水平、武器配备等各种情况了如指掌，他甚至写了不少军事分析评论。他总认为，这些军阀天资颇佳，只可惜因未受过现代教育而不能造福于社会。他对曹锟等人抱有相当的同情。经过仔细比较，他认为在军阀中统治东北的“奉系”军阀最坏，而统治东南的孙传芳最好、有“改造”的可能。

经过一番努力，丁文江跟表现“开明”的孙传芳建立了联系。有感于中国近代军事教育的极端落后，一些军官连军事地图都看不懂，他向孙传芳建议由他来替孙创办一所现代化的军事学校。孙传芳笑着回绝他：“丁先生，你是个大学问家，我很佩服。但是军事教育，我还懂得一点，——我还懂得一点。现在还不敢请教你。”但孙传芳于1926年5月任命丁文江为新设立的“淞沪商埠督办公署”总办。丁文江因此开始实施雄心勃勃的“大上海”计划，其中有两点成就颇值得一书。一是把历来没有统一行政中心的南市、闸北、沪西、浦东、吴淞等区首次完全统一在这个新的行政机构之下，为后来“上海特别市”的建立打下基础。另一个则是通过长达四个月的谈判交涉，收回会审公堂。

丁文江一厢情愿地希望改造军阀，却一次次被军阀玩弄于股掌之中，尤其军阀混战时他就只能被利用。北伐战争时，他被南方的国民党军利用，战争胜利后，他又因与军阀的关系而被国民政府通缉。在这方面，他的好人主义和改造思想都不如革命党及其意识形态那样正当有效。这一点儿，张学良在争夺地盘时就认识得比丁文江要实在，张服膺蒋介石的国民党，最基本的在于，他的奉军打下城池来连一个县长都派不出，而国民政府却有一整套建国方略和干部人才。相比之下，丁文江、胡适的好人圈子没有演进到政党的层面，并丰富我国现代政党的正当性和价值，事实上，直到好人圈子的中国精英们死去之前，在胡适、翁文灏、何廉等无数入阁的机会里，他们始终没有“入局”，进入政治权力的中心。丁文江的这一认知局限使他对政治问题最后给出了无解，朋友回忆说，丁文江曾多次揶揄地说：“中国的问题要想解决非得书生与流氓配合起来不可。”这种始于理性、终于愤激的认知不能不说是一个遗憾。

“九一八”事变后，国是艰难，丁文江再度振作，他跟胡适等人创办了《独立评论》。历经近十年的风雨坎坷后，心境已变，他们没有了当年鼓吹“好人政府”时的热情与信心，只是希望“不倚傍任何党派”以“独立”的身份评论政治。丁文江在从事科学研究的同时，对“天下事”广发议论。在《假如我是张学良》一文中为张学良设计作战方案；在《假如我是蒋介石》一文中苦心劝蒋“立刻完成国民党内部的团结”，“立刻谋军事首领的合作”，“立刻与共产党商量休战，休战的唯一条件是在抗日期内彼此互不相攻击”。他此时认识到中国政治运行的逻辑，即政治靠“实力”说话，他已经倾向于以强力推进政治的“独裁”了。而他自己，不过仍有书生之叹，如对胡适所言：“我们这班人恐怕只能是治世之能臣，乱世之饭桶罢！”

1933年春夏之际，丁文江去苏联旅行考察了五十余天。苏联正在进行的工业化建设和人民的自我牺牲精神，使丁文江极为感奋，在《独立评论》上陆续发表了约二十篇充满赞美崇敬之情的《苏俄旅行记》，连续报道了苏联正不惜一切代价把一个落后的国家变成“世界第一个工业国的努力”。从苏联回国后，他更坚定地主张实行“新式独裁”以使国家富强统一。在《我的信仰》一文中，他一方面承认“近年来苏俄的口号：‘各人尽其所长来服务于社会，各人视其所需来取偿于社会’，是一个理想的目标。”然而另一方面他又扪心自问：“然则我何以不是共产党的党员？第一我不相信革命是唯一的途径，——尤其不相信有什么‘历史的论理’能包管使革命成功，或是在任何环境之下革命一定要取同样的方式。第二我不相信人类的进步除去了长期继续努力以外，有任何的捷径。所以我尽管同情于共产主义的一部分（或是大部分）而不赞成共产党式的革命。”

1935年，华北危急。华北是中国的支柱，是供给全国工业原料和能源的主要区域。河北、山东、山西、河南四省有占全国56%的煤储量，是世界煤储最富的区域。一旦华北落入敌人之手，长江下游及沿海的工业能源就成了问题。国民政府正在利用中英庚款的借款，努力完成粤汉铁路中段还没有完成的一段，燃眉之急即为燃煤之急。这个问题关系到战略问题，如此重要，丁文江决定亲自去湖南考察粤汉铁路一带煤的储量和开采现状。他特别重视湘潭县潭家山矿的煤储量，因为它是沿粤汉铁路最重要的煤矿。

在湖南，丁文江游衡山时，曾即兴赋诗数首，其中一首《麻姑桥晚眺》写道：“红黄树草留秋色，碧绿琉璃照晚晴。为语麻姑桥下水，出山要比在山清。”这几乎成了他一生的写照。尽管丁文江的侄女丁子霖先生记得她的伯父从家族中考察丁家人非长寿之种，但丁文江自己估计也没想到这一次考察成为他的绝命之所。他早年曾习诗明志曰：“埋骨何须桑梓地，人间到处有青山。”在他1935年所立遗嘱中，提到“于余身故时即以所故之地方区域以内为余葬地”。最后，这个一生受“出”之诱惑的人，果真葬于出行之地，岳麓山下。

胡适说，丁文江在湖南，“在游兴和责任心的双重诱惑之下，爬上三千多英尺的高山，又走下六百多英尺斜深的矿洞”。先是攀缘在三千六百英尺高的南岳衡山上勘测，接着走下深六百英尺的潭家山矿调查。高冷深热，“山风怒号，吹人欲倒”，下到洞内，单衣而入，汗流浃背。丁文江从洞里出来时，衣服像是从水里捞出来一样，汗水成线地往下流。洞口之外，空气极冷，患感冒是无可避免的了。回到衡阳生了炉火，关了窗户，准备出点汗。怕睡不着，又吃了三片安眠药。由于缺少使用壁炉的经验，又赶上那天晚上大风大雨，烟囱的煤气倒灌，丁文江的鼻子又没有嗅觉，闻不出味来，这就发生了煤气中毒。中毒煤气在北方是常见的事，而南方人就没有这种经验。株韶路局的医生把他当溺水来治，做了六小时的人工呼吸，（其实丁文江也没有停止呼吸，根本不需用人工呼吸）把肋骨压断了都不知道，到28日顾仁医生开刀后才发现上述情况。这样，1936年1月5日下午5时40分，丁文江辞别了人间，终年四十九岁。

丁文江的辞世，引起了学界的一片惋惜。在蔡元培看来，“在君先生是一位有办事才能的科学家。普通科学家未必长于办事，普通能办事的又未必精于科学，精于科学而又长于办事，如在君先生，实为我国现代稀有人物”。傅斯年说：丁文江是“新时代最良善最有用的中国人之代表；他是欧化中国过程中产生的最高的菁华”。在个人生活方面，他是“一位理学大儒”。与丁文江同为中国地质学科开创者的章鸿钊，在他去世后曾赠一副对联：“认责任内，无处可放松，治学然，治事亦然，识君以来，始信自强在不息；数交游中，唯真最难得，能让易，能争非易，从今而后，几疑直道与偕亡。”翁文灏写诗说：“携斧曾经汗漫游，西南山谷最清幽。碧鸡金马云南路，漓水藤滩黔外州。霞客遗踪追绝域，粤湾车路达江流。搜罗多少详图籍，整理端须仔细求。”“一代真才一世师，典型留与后人知。出山洁似在山日，论学诚如论政时。理独存真求直道，人无余憾读遗辞。赤心热力终身事，此态于今谁得之！”胡适对他的朋友念念不忘，因为他“是一个欧化最深的中国人，是一个科学化最深的中国人”。丁去世二十年后，胡适写成《丁在君的传记》，胡适引用了自己给丁翻译的外国诗句：“明天就死又何妨！只拼命做工，就像你永远不会死一样！”胡适说，这些丁文江“最喜欢的句子”，是他“最适当的墓志铭”。

这个至今少有的中国人在短暂的一生中感染了很多人，直到今天，在现代转型未完成的中国社会，丁文江仍堪称异数。在频繁的野外调查与学术行政的改进实践中，丁文江一直做了种种努力，这些努力使他的成就和人格特异于众人之上。李济在一次与丁的谈话中就被明确告知：“你们老问我为什么恋着政治问题不舍，不集中全力作科学的工作。你看，政治不澄清，科学工作是没法推进的，我们必须先造出一种环境来，然后科学工作才能在中国生根。”

# 张荫麟：历史学家的识见

何代无奇才？遗之在草泽。这似乎是我国文化的特色，那些天才的、灵性的、学识富赡的英杰，因为际遇、命运之奇诡，而永远地消失于历史长河中去了。即使今天，怀才不遇者们想起历史上的同类，仍要做“千年一叹”；而那些“何不策高足，先据要路津”的贤达们，更是明白他们如此“竖子”而成名，在于比他们更优秀的才俊之士不幸地夭折。杨小凯先生曾经感叹，他在“文革”中遇到了在才智和德性方面都比他杰出得多的人物；曾任香港大学校长的王赓武也曾问世：“‘文革’埋没了多少天才？”我们今天也经常感叹，在人口、国土规模上，我国人才出产之少，与犹太民族、德意志民族、俄罗斯民族、法兰西民族、美利坚民族相比，完全不成比例；甚至比起同样不幸的印度民族、相邻的大和民族，也是相当难堪的。在世界知识的生产和生活领域，在现代人类的生产资料和生活方式领域，我民族提供的人才、产品、思想等创造性成就，少得可怜。

这是一个奇特的现象。一方面，我们经常标榜我们有才；另一方面，我们很少以自身的人格、以知识观念产品、以文明生活的发明发现等等绩效回报世界。

但这一现象并不适用我们的近现代史。不夸张地说，在曾左李之后，我国各地的才俊之士，都因时应时而发扬赞育，取得了后来少有企及的成就。年轻的费孝通平实地写出薄薄的一本《乡土中国》，他后来发现，他的这本小册子可以管五十年，五十年内无人出其右。至于那些饱学之人、中西贯通之士，更是殚精竭虑，立功立言，以回报我们的民族、文明和人民。他们都在现代史那段混乱、动荡的岁月里，成就了自己。即使那些“短命鬼”们，如军事家蒋百里，诗人徐志摩，作家梁遇春、萧红等等，都有传世的言行事功，就是说，他们都有产品影响后来。在这些“短命鬼”中，历史学家张荫麟也是开山巨匠式的人物。

张荫麟只活了三十七岁。他出生于广东东莞，十七岁时就指出梁启超的考证错误，梁启超引为忘年交，称之为“天才”。他在清华大学读书时，跟钱锺书一起被时人称赞，钱锺书在“伤张荫麟”的诗注中，有“北秀南能”的品题。陈寅恪则有“共谈学术惊河汉”之句，对张荫麟揄扬备至。

张荫麟的才学识使得他能跟同时代文史哲界的优秀学人交往，其知交遍及知识界，如钱锺书、陈寅恪、吴宓、王芸生、吴晗、贺麟、冯友兰、熊十力等人。这使得他属于学院，却做了学院难以产出的工作。自1934年起，张荫麟先后在清华、西南联大、浙大任教。1937年，他受中研院史语所所长傅斯年之托，撰成《中国史纲》，这本仅是为高中生编写的教材，叙史也仅至东汉，却以选材精审、结构谨严、文笔优美，备受学界赞誉。这本著作今天也仍有多家出版社一版再版，成为我国历史写作里重要的收获。

张荫麟短命早逝，这使他除了《中国史纲》外再无别的专著。而仅此一部通俗写作，却至今少有超越，这既说明了张荫麟的天才处，也说明了我国人才断层或匮乏的严重程度。起张荫麟于地下，他也许会把这种个人的荣誉当作国人之耻。

因为张先生的天才更有特别的表现，虽没能以专著出现，却散见于他的诸多见解之中。比如，关于历史写作，他主张理想的历史写作应具备两个条件：正确充备之资料，及忠实之艺术的表现，并特别为通史撰述制定“笔削”与“综贯”的标准。他自觉司马迁以来的史学传统，又对西方历史哲学了然于胸，他是20世纪我国“史界革命”的中坚人物。

在科技史、宋史、清史、历史哲学诸领域，张荫麟也多有创见。有人说他是“一典型‘学院式文人’，专事考证及整理之工作，涉猎极广，不尽在文学，而其《纳兰成德评传》及《纪念王静安先生》等论文，皆文艺与思想上极重要之作。”可见他的涉猎之广。在艺术学问上，他是极为严格的，没有丝毫假借。他看不上冰心为代表的“立于女子之传统的地位而著作”的所谓“中国女作家”，说以中学生作文为标准，她们至多七十分左右。（不知张先生看了今日的美女作家或新人类作家们后又有何评价？）

他是一个真正的大批评家。虽然当时有周作人、朱光潜、李长之等几大文学批评家之称，张荫麟并不入列，但张的批评却超出了文艺的范畴，而有了思想家或时代观察家的气质。他指出郑振铎文学史研究中“使人喷饭之处”，讥其缺乏“常识”；他批评郭绍虞食“洋”不化，牵强附会；胡适的名著《白话文学史》，在张荫麟看来，却有定义混乱、去取多由主观的毛病，他也同时明认此书具有方法、取材及考证的优点；郭沫若译歌德长诗《浮士德》，急于脱稿，匆促从事，遂致“谬误荒唐、令人发噱之处，几于无页无之”；张荫麟虽对郭沫若的德文水平深致不满，却盛赞郭的《中国古代社会研究》能够“拿人类学上的结论作工具去爬梳古史的材料”，“建设中国古代社会演化的历程”，实在是一项“重大贡献”。

这个历史学家认为：“一个批评者对一部书有所纠绳，这并不就表示他对于这书的鄙薄。”他对顾颉刚“疑古”学说“误用默证”的方法论错误、冯友兰《中国哲学史》中的史实错误，都提出过严厉而中肯的批评。冯友兰在他死后，曾集资、主持设立

“张荫麟奖学金”；顾颉刚则撰有《当代中国史学》，赞扬其在通史、宋史领域大有建树。

更为难得的是，在三十年代左右翼争胜的年月里，张荫麟最早发现了鲁迅的精神。1934年，鲁迅的《南腔北调集》出版不久，张荫麟在其《读〈南腔北调集〉》一文中写道：“提起笔来想介绍周豫才先生一部使我感动的近作，不禁勃然涌出一大堆恭维的话。为求名副其实，此文应当题为：《南腔北调集颂》。”



先颂周先生。他可算得当今国内最富于人性的文人了。自然人有许多种。周先生不就铸造过“第三种人”的名词么？但我所指的是那种见着光明俊美敢于尽情赞叹，见着黑暗丑恶敢于尽情诅咒的人。像这样的人也许不少，但缺乏的是周先生笔下的技巧和力量。

我想，周先生本来可作“吾道中”。古董他是好玩的，他的《中国小说史略》已成了一部标准的著作。只要他肯略为守雌守默，他尽可以加入那些坐包车，食大菜，每星期几次念念讲义，开开玩笑便拿几百块钱一个月的群队中，而成为其中的凤毛麟角。然而他现今却是绅士们戟指而詈的匪徒，海上颠沛流离的文丐；他投稿要隐姓换名，他的书没有体面的书店肯替出版。人性的确是足以累人，大丈夫的确是不容易做的。“伤屯悼屈只此身，嗟食之人我所羞！”读周先生的书每每使我不寐。

然而周先生可以自慰的，他已为一切感觉敏锐而未为豢养所糟蹋的青年们所向往。这种青年的向背也许不足以卜一个文人的前途，却断然足以卜一个文人所依附的正义的命运。自人类有主义以来，这条公律未曾碰过例外。当周先生的杂感被绅士们鄙弃的时候，颇有人誉他为先驱者，我还有点怀疑。但自从他公开地转向以来，这种称誉他确足以当之无愧。最难得的是当许多比他更先的先驱者早已被动地缄口无声，或自动地改变了口号的时候，他才唱着“南腔北调”，来守着一株叶落枝摧的孤树，乍寒后的鸣蝉。但夏天迟早会再出现的。假如钳制和老年不足以销尽他创造的生机，那么，我敢预言，在未来十年的中国文坛上，他要占最重要的地位。

次颂周先生的书。我是有历史感的，特别注意它的史料价值。但这个史可不是上古、中古或近古的史，而是我们当前的时代的史。一个时代的性质可用其中感觉敏锐的青年的遭遇来量度。这话若正确，那么，我们在这小集子里可以发现极重要的史料，而后世的史家必将感谢我们的提醒的。

张荫麟以一个历史学家的慧眼发现了同时代历史人物的价值，“当今国内最富于人性的文人”，尽管有人以为文人一词贬损了鲁迅的意义，但经过政治家们的追封，经过我国历史作家、学者的加冕，鲁迅从左翼到共产主义、人道主义、自由主义、个人主义、愤青，等各种称呼中，张荫麟的评语才是最为确然的。这比起当时的文人胡适、叶公超们的大度，比起当时的政客们的不屑，比起当时的历史学家的盲目来，更见出张荫麟作为一个历史学家的本色，一个中国人的身份认同。

不仅如此，张荫麟还认真地思考过现代国家与革命的问题。革命，自其诞生之日起，就被人诟病；直到今天，革命依然是一个敏感的字眼。当是时也，国民政府已经建立了全国秩序，稳定压倒一切，以至于“攘外必先安内”。张荫麟却多次讨论国民党治下的中国是否需要“革命”、“革命”之时机与形式等问题。对于被统治者，他说：“革命诚然少不了暴动，正如瓜熟之免不了蒂落。蒂落固是突然的，骤然的，但瓜熟却不是突然的，骤然的。同样，暴动固是突然的，骤然的，但革命的成功却不是突然的，骤然的。在瓜的生长里只看见蒂落的人不配种瓜，在革命里只看见暴动的人不配谈革命。”对于统治者，他说，“当你领导人们走在你看见是进步的路时，你们也许已走入了退步的路；当你领导人们走在你看见是兴邦的路时，你们也许已走入了亡国的路。”这样的理性立言，在左派朋友看来，当然是“落伍”，右派人士也会斥之为“赤化”。这样的理性在今天仍是一个左右不讨好的合文明目的的声音。

张荫麟也对此种文明理性相当自觉，他总结梁启超“在政论上的悲剧”时说：“他对于流血的恐怖和瓜分的危惧，使他不得不反革命。他的一点悯世心，使他无法容忍现实政治的黑暗。他万分好意地劝革命党偃旗息鼓，结果言者谆谆，听者藐藐。他万分好意地劝政府彻底改革，结果言者谆谆，听者藐藐。……他说的话，不独对于原来的目的全不济事，而且使他受着左右夹攻。”

这也是我国无数有良知者的悲剧。

# 费孝通：大师的中国荣辱

九十五岁高龄的费孝通先生仙逝，朋友让我来说几句。对费老这样一个有着时空广度和精神密度的历史人物而言，说什么都显得挂一漏万，都难以言喻悼念者的感情。虽然，寿终正寝，盖棺论定，赞生送死不辞，小子何敢让焉？

实际上，对费孝通先生来说，他的晚年“余热”不断，但他的事功立言早已“论定”。网友们知道，用引擎搜索，可以搜索出各类百科全书、名人词典、人物传记中有关费老的简历、介绍和纪传。他是当之无愧的大师型学者，他的《江村经济》和《乡土中国》都是社会学调查和理论的经典之作，他是中国人类学和社会学最坚实的奠基者之一；新中国成立前，他和挚友储安平等人还是接力于胡适之等“五四”前贤的又一代中国自由知识分子的代表人物。改革开放的岁月里，他又出任了政协副主席、人大副委员长，是国家领导人和社会活动家。在种种可见的成就面前，他“桑榆为霞”的努力，如周游全国市场的调研、出版文集、九十二岁讲大课、回忆他早年的师友，等等，都是“老骥伏枥”的修身惯性使然。但如果我们回顾他的一生，并试图深入他的内心世界，我们可以理解，他的晚年言行仍有一种“慢慢地着急”（李慎之语）的焦灼洞明和达观世故。

费孝通先生1933年毕业于燕京大学，获社会学学士学位，1935年毕业于清华大学研究生院，1938年获伦敦大学哲学博士。他在社会学大师马林诺斯基门下学习，在马氏的指导下完成《江村经济》博士论文的撰写。大师为年轻的学生、一个有待完成然而功底厚实的大师巨作写序说：“费孝通的著作，向我们揭示了现代中国社会学派的方法论是多么的扎实。书的主题是对湖泽地带平原生活的一次实地考察，水道纵横的平原是数千年来在物质和精神上抚育中国人民的地方。通过一个村落的生活，我们犹如在显微镜下看到了整个中国的缩影。”

费孝通在抗战的漫天烽火中回到国内，任教云南大学社会系。在他的主导下，中国开始了一波新的农村调查工作，并获致不少成果，也培养了一批人才。1943年，费孝通前往美国讲学一年，返回后在清华大学任教。1947年后，费先后写出《生育制度》《初访美国》《重访英伦》《乡土中国》《乡土重建》等著作，广受读者欢迎，也产生了广泛的影响。他的经典之作《乡土中国》，厚积薄发，深入浅出，举重若轻，文字优美，跟任何层面的读者绝无扞格，有社会报道之诚而无学术僭越之霸。可以说，费孝通在他的才学识成熟期为中国的社会学写作贡献了一种亲情的风格。《乡土中国》宏观地描述了中国文化的乡土情结，把乡土当成一种概念，以此涵盖了中国社会的结构和特质。费孝通研究中国文化模式如何从农村中产生出来，从而提出了包括“差序格局”“礼制秩序”“长老统治”等极其重要的概念。



用当下的话语，在有着巨大学术贡献的同时，费孝通先生还是一个坚定的公共知识分子，他在19世纪四十年代有着令人瞩目的社会活动，有着令人弦诵不绝的公共写作。1945年11月，他就在西南联大和钱端升、伍启元等教授发起“反内战”演讲，“不但在黑暗中要呼吁和平，在枪声中也要呼吁和平”；1947年7月，闻一多被暗杀，费孝通虽在美国大使馆协助下避入使馆，但他仍撰文：“这是什么世界，一个国家怎能使人人都觉得自己随时可以被杀！”当胡适之等人都“下岗”作壁上观或站队帮闲时，费孝通和年轻一代的知识分子们一起，独立客观地写下大量批评时政的文章，“他是当时处于夹缝中的自由主义孤岛”（储安平，《观察》的撰稿人之一），他的言行为他赢得了自由民主人士的声誉。

费孝通以民主人士身份参加了新中国的政协会议。1952年全国院校调整，社会学被取消，费被分配到中央民族学院任副院长；1957年费孝通写作“知识分子的早春天气”，在知识分子队伍里建构了一重大的社会命题，这一由社会学者早于作家和人文学者发现的时代课题，大概可以跟苏联作家爱伦堡的《解冻》一说媲美。只是从费孝通的“早春天气”到郭沫若的“科学的春天”到新的千年世纪的各类“小阳春”，中国知识分子的春信不免虚妄。费孝通当年即被打成“右派”，直到1980年才平反。

中共十一届三中全会后，邓小平提出恢复社会学的学科地位，费孝通接受了重建中国社会学教育的委托，自此开始活跃于政界、学界和中国社会。1980年后，费孝通还先后出任政协副主席、人大副委员长、民盟主席等职位。因年事日高，1996年辞去民盟中央主席职，仅任名誉主席。

费先生的一生是复杂曲折的，他经历了人世间最为巨大的荣辱。他有着巨大的学术抱负和用世之心。实际上，每一种人类知识的新的分工独立，每一古老文明的被激活或新大陆的开发建设，不仅有着巨大的开疆拓土的远景，而且其更新的精神思维可以教化或说反哺世界。这一后来居上的后发优势在近二百年的现代转型史上屡经证实，如启蒙运动近百年之后的达尔文、马克思、弗洛伊德等仍能在生物学、历史学、精神分析学领域展现立言立法的创造力，爱因斯坦、维纳等人仍能在科学方法论上进行革命，从而大大丰富了人类的精神国度和现实生活；而拉美的作家、苏东的诗人、发明东方学的萨伊德、思考落实于印度国情的阿玛蒂亚森，以及那些激活了非洲、印度文明的传统哲学的政治家和文学家们，都以其言行事功让西方人或说人类知识感受到了一种“逼人的辉煌”。毫无疑问，身为“五四”之子的费孝通先生也有着这种大创造的机运和才华，他也抓住了这种历史机遇。钱穆、陈寅恪等人都注意到，经过“五四”新文化运动，中国文化到三十年代后有一个收获期，有一个独立的文化价值评判系统确立的时期，费孝通先生即属于这一时期弥足珍贵的收获之一。

遗憾的是，文化或道统的重建，胡适之展望的中国文化的文艺复兴，很快被社会突变中止进程，三四十年代的建设人为地断裂，少有成为后来者的营养，这也许反证中国知识人的创造仍有咫尺未竟之憾，他们在观念和方法论上少有为中国的百年千年巨变进行准备、少有为中国的社会革命提供思想资源。学来习得的中西知识未能化为人格或精神信仰教训教化社会，四十年代的自由知识分子们多有暧昧或可议之处，费先生的“长老统治”有译语的取巧而无中国气象，从中也可见一斑。



19世纪八十年代的中国是又一次价值评判系统确立的时期，中国的时流在无远弗届地规范个人生活的同时，民间、体制外从来有一种清议，有一种重建生命意义和社会意义的努力。中国的忧时伤国之士，因此能够在个人的不幸外获得历史和民众的赞辞。如范仲淹骄傲于“仲淹三贬而光”，他们确实并不孤独。而费孝通的晚年却在他的盟友和知识界那里有了不同的反应，笔者本人也强调过这一现象，“像金岳霖先生、朱光潜先生、冯友兰先生、费孝通先生、杨振宁先生等学贯中西的‘通人’”，他们对中国社会的认知和态度，曾经是中国现代思想史上最难索解的一页。

得失固不能为外人道，但费老一定深味过内心的凄苦、屈辱和孤独，他一定有过救赎的愿望，他因此不顾及老境的安适，风尘仆仆于中国大地的市场建设，他确实寄望也安身于民富。只有一句话，他的创作可以管五十年，这样的话可以想象他内心的孤傲。同时，在晚年的反思中，他多次提及并强调“文化的自觉”，他自觉是“五四”的孩子，他承认自己不易体会中国文化深处的东西，他承认从知识分子这个整体看，确实还比不上“五四”一代；但他又坚定地说，一代人有一代人的长处，文化自觉的要义在于它是为人的，而不应该舍人救所谓的文化，文化是要保存人的，而不是让人来保存它。在这一点上，他的眼光和敏感远非当下的新儒家或文化保守主义者所能管窥。

费孝通先生在八十七岁高龄的时候，曾到江苏吴县做社会调查，他跟小城镇里的一家居民聊天，遇到了一位六十岁上下的老妇人，老人服饰很有特色、仪容整洁、神态安详，而当费教授请她聊天时，站在一边旁观的她反倒退回里间，连面也不肯露了。对费孝通先生来说，这是一种惨痛的感受。他认为他看到了一种文化的变迁，即当代中国人的文化自卑感，“不肯出来的意思，是她要走了，文化要走了，自己觉得不能出来见人了。不是人家不要她，大家欢迎她出来。可是她自己觉得，我这一套不行了。这样一来，她真的要走了，文化要走了。不是人家要消灭你，是你自己要走了，你这文化要灭亡了。老了，老到自己没有自信心了。这不是她个人的自卑，她对她的文化没信心了。”

费孝通的“文化自觉”说可谓自卑或自大的解毒剂，他以阔达的态度指明人类的发展前途在于“各美其美”，在于“美人之美”。因为他在自家文化里发现了“推己及人”“亲亲仁民”的思想。但这些晚年的省思跟他早年提供的材料方法一样，多只是提出了问题。也许这正是他那一代大师的特点，他们提供了线索，提供了路径，提供了各种立身处世的标本。

前贤已矣，有待来者。

2005年4月25日，余病第三十七天，出院日试笔

# 高尔泰：美是自由的象征

高尔泰出生于江苏，十五岁时从山里走出。自此，野性和倔强伴随他终生，他的特立独行感性天然，自由而感应人类。他做学生时就拒绝几十个人把同一个模特画得一模一样。十六岁时，读《大卫·科波菲尔》，他评价说，很美，很生动，但不深刻。理由是，密考伯最后当了印度总督，但没一个英国人问一问，英国有没有权力统治印度。如果是俄国作家，一定会弄一个人出来问一问的。十九岁时，他自问："为什么自己的命运，要由一些既不爱我、也不比我聪明或者善良的人们来摆布？"

1957年，高尔泰写下名文《论美》。文章被内定为批判材料发表，发表后如同传奇，掀起了一场大讨论。这么一篇"唯心主义"的东西，将当时中国一流的美学学者宗白华、侯敏泽、洪毅然都扯进去写文章讨论，而此时高尔泰才二十二岁。高被打成右派，开除公职，送到劳改农场劳动。

劳改期间的高尔泰，仍不放弃思考写作。在那个年代，写作如同玩火。高后来说：“除了玩火，我找不到同外间世界、同自己的时代、同人类历史的联系。我需要这种联系，就像当初需要寂静与孤独。写起来就有一种复活的喜悦。”

在人们多数参加革命、改造的岁月里，高尔泰的坚持如同传奇。北岛回忆说，高尔泰曾给他看过一本影集，里面不是照片，而是一张张比火柴盒稍大些的发黄的纸片，仔细看去，上面竟是些肉眼难以辨认的字迹，细密得像古瓷上的纹路。每张纸片都有一万多字，是高尔泰在劳改农场写的。为安全起见，他把钢笔尖磨得比针还细，趁没人时写在纸片上，再把这些纸片藏在棉袄的夹层里。一件棉袄竟有十几层大小口袋，装满这些危险的秘密。“文化大革命”抄走了他所有的手稿，唯独这些记述了他更隐秘的思想的小纸片被抄家者当废纸踩来踩去，没人注意，得以留存。

1968年，高尔泰在一个农场捉黄羊，那是一只精力充沛的动物，被夹镣夹断一条腿之后仍然跑得无踪无影。沿着零星的血迹开始寻找、追赶，终于它跑不动了。“我坐下来。不料这个动作，竟把它吓得急速地昂起头，猛烈地抖动身躯。我想我在它心目中，是一个多么凶残可怕的血腥怪物啊！事实上也是的，我真难过。”

1981年，高尔泰写于1964年的《关于人的本质》发表，为八十年代的中国美学新潮揭开了序幕。有人强调说，高尔泰及其所代表的中国现代美学新潮给当代中国美学以深刻的影响，而其中最受影响和冲击的无疑是李泽厚本人。1989年以后，李泽厚在其《美学四讲》《华夏美学》中不无感慨地叹息道："回到人本身吧，回到个体、感性和偶然吧。从而也就回到现实的日常生活来吧。不要再受任何形上观念的控制支配，主动迎接、组合和打破积淀吧……"

八十年代，李泽厚的"积淀"说风靡一时，以高尔泰为代表的美学新潮对"积淀"进行扬弃。经过对"积淀"的不断认识过程，人们意识到，积淀的传统给人带来的不仅是单一、固执、封闭和宿命，还给人带来死寂、麻木和创造力的丧失。高尔泰说："也许崔健和他的摇滚乐是中国唯一可以启蒙的文化形式。"

高尔泰是大美学家、画家、诗人、书法家。1989年初，高尔泰到诗人阿坚家，阿坚不在，高尔泰给阿坚留了一张书法：大概一只鸽子，几缕阳光，唯主人不在……高尔泰曾当面批评阿坚的诗风从严谨变成了松散的大白话，阿坚的白话诗有："两人掰瓜，一声咔嚓。"

王元化曾带高尔泰等人游上海龙华寺，其住持明旸法师是全国政协委员，素食招待，并把自己的诗集送给大家。素食好吃极了。诗呢，俗情更比僧情浓。高尔泰对王元化说，没想到兰若精舍，也可以是终南捷径。王元化回高尔泰：少见多怪。

九十年代，高尔泰自承漂流异国，久居山野，日与草木鸟兽为伍，已经落后于这个潮流很远。当纽约一家杂志的记者远道来访，问高尔泰对当前学术思想有什么看法，高尔泰说："我没有那样想过。"

隔绝十多年后，《寻找家园》出版，高尔泰的名字再度跟中国读者见面，一时轰动。从诗人作家到网络读者，盛赞高尔泰的散文是当代中国最美的收获。崔卫平说，那是"当代《红楼梦》般的汉语"。北岛说："他的文字炉火纯青，朴实而细腻，融合了画家的直觉和哲学家的智慧。""把毕生的愤怒铸成一个个汉字。"赵毅衡说："此书将许多往事，细细穿插，一一道来。连本是惨绝无言的场景，也深情蕴藉，推刚为柔。风度雍雍而令人心折。"徐晓说："高尔泰的文字不是写出来的，是炼出来的。"

高尔泰的名言：美是自由的象征。他送王康一幅字，系宋人诗："出源便遇打头风，不与寻常逝水同。浩浩狂澜翻到底，更无涓滴肯朝东。"

赵士林在《中国当代美学研究概述》一书中，将高尔泰与朱光潜、宗白华、蔡仪、李泽厚并列为中国五大美学家，他认为："他们是中国美学大厦的主要建筑师。他们的主要观点，建构了当代中国美学的基本理论框架。"

# 何炳棣：家天下中的个人关怀

何炳棣先生的《读史阅世六十年》是其一生“读史阅世”的心得体会，半个多世纪的亲见亲闻，弥足珍贵。何氏本为跻身西方历史学和西方中国学的大学者。他于1944年考取清华第六届留美公费生，获得哥伦比亚大学英国史博士学位后，即长期从事中国史的研究工作，他见证了西方中国学的勃兴，本人又被西方中国学公认为中坚人物之一。他的这本自传跟他的治学一样，利用大量的史料，通过缜密的考证与平衡理性的思维，真实地反映大时代里的人与事、西方学术体制中的人与史。这确实是一本有分量的著作。

不少人注意到何炳棣先生的个性，他的雄心万丈、艰忍负重，等等，他自己在书中也多次说立愿宏大一类的话。这可能跟他的家族有关，这个家族的功能直到何炳棣在美国成家立业、成功名后仍在发挥作用，这种家族的影响是巨大的。何的堂兄何炳松先生是他们家族里第一个留美归国者，长期任商务印书馆编译所所长、协理和暨南大学校长，是何家的希望，也是何炳棣小时心中的“英雄”。何的堂侄何德奎先生跟蒋廷黻先生曾被选为中国留美学生驻美京代表，监视中国南北两“政府”不得签署任何卖国条约，何德奎曾任英美公共租界工部局的“华总办”，抗战胜利后任上海市副市长。这两位家族里的“成功者”成功后一直不忘接济扶持家族的亲人，这种报答、反哺或说扶持的家族正义、善缘和伦理在今天的中国似乎已经绝迹。何炳棣自己也从中得益，并继承了这种家族传统：“我生也晚，要等到海外立足之后才能顾及族务……”

家族教育给予人的影响是一生的。何自称：“最使我终身不忘的是我吃饭时，外祖母不止一次地教训我：菜肉能吃尽管吃，但总要把一块红烧肉留到碗底最后一口吃，这样老来才不会吃苦。请问：有哪位国学大师能更好地使一个五六岁的儿童脑海里，渗进华夏文化最基本的深层敬始慎终的忧患意识呢?!”但何认为，家族的主要目的在制造“成功者”。何父一生怀才不遇，他把何氏一家的前途寄托在何炳松身上，希望何炳松能成为美国威尔逊这样的人物；何父对儿子的教育用心更称良苦，带他见世面，向他阐发写文章的真谛，教他如何立志。这种家教正处于中国传统教育崩坏之际，但何氏一家的家教本质没有发生多大的变化，科举制取消了，但在他们眼中的“功利”世界没有消失，“因为亲老家衰，自九岁即了解留学考试已经代替了传统科举，成为最主要的晋身之阶。”何父向儿子坦承，能供得起他念最好的小学，也供得起他念南开中学和国内较好的大学，但是绝对没有能力供他出洋留学，“这种年头，如不能出洋留学，就一辈子受气。”

因此可以理解，在那样国难深重的年代里，尽管何炳棣有血气方刚的一面，他仍会刻苦读书。“华北之大，放不下一张书桌”，这样的话只是左派学生的宣传，而左派学生受革命党的影响，把时代社会渲染得飞扬起来。因为家教的健全有无，因为党派教育的影响，使得学生做出不同的人生选择。三十年代的中国人，除了各自的家教、党派支配的社会教育外，还有学校教育，这个学校教育的成功处在于当时中国教育和学术共同体的坚实，它是由北大、清华、南开和西南联大等无数的校长、教授们共同参与的价值共同体。在那样困难的时代里，进入这一共同体里的学生多有良好的问学和人生收获。何炳棣在清华学校发现了左派组织救国会收取张学良、杨虎城四百元的证据，此事若宣扬出去，将会是一场大事件，但何选择了把证据交给梅贻琦校长，大事化了，学校内部平息。这自然是一种君子之风，只是难以驯化左派们的意识形态狂热。后来的社会发展，实证了吴宓跟何炳棣有名的谈话，即中国近世历史政治的大体走向，左的、激进的思潮总是胜过右的、稳健的思潮，只是吴何二人不能自省居右者的责任和局限。

在那样的环境里读书，我们可以想象何炳棣的内心，他一定有着同左派精神结构类同的激愤、焦灼，天生异禀的记忆力加上这种艰忍自强的性格使他也要“争强好胜”“出人头地”“光宗耀祖”，只是他牢牢地把这种人生理想的实现途径锁定在对知识的优先考虑上。而对知识的汲取，有如“侯门一入深似海”，那里自成天地，自有标准，自有趣味。由于跟一流的师友们过往，他几乎一开始就站在知识的前沿而不为知识所异化，雷海宗的宏观中国通史，陈寅恪的隋唐史专题，冯友兰的常识、逻辑和幽默都对他有启迪之功，这可能是他后来在历史学领域取得大成就的原因。他记得吴大猷的话：“无限的无限小的总值仍是无限小。”他庆幸在锻炼思维的岁月，清华历史系已甩掉国学中过于烦琐考证的桎梏，使他去往“大”处梦想，跟他父亲教他立志的原则并不冲突。他就这样顺利地进入了学术领域，并终生献身于学术。

这个青壮学人初入哥伦比亚大学，即深感自家不能再夸口中国史籍“浩如烟海”了。他见识了什么是真正的“原始”资料。在英史治学中略有斩获后，他迅速把方向调整到中国史上来。从在哥大搜集乾隆年间两淮盐商史料起，何炳棣利用夏天假期，在国会图书馆等各大图书馆书库里遍翻三千多种中国方志，搜集明清两代进士登科录、进士三代履历、同年齿录等原始史料，后者规模包括一万五千名明清进士和二万四千名晚清举人与特种贡生家世背景，从这样的史料中进行有关明清人口及明清社会阶层间流动的研究，出版迄今仍屹然被公认为标准著作。这种成就之取得着实不易，“每当闭馆后吸进第一口清新夜气，仰望着白玉般晶莹雄瑰的国会建筑群的分秒之间，内心不禁在狮吼：‘看谁的著作真配藏之名山！’”

但一种用世抱负不得不在数千中国方志，数万中国科举进士中打发时，他跟人打交道的弱点也就再难得以校正。他的只认真知的脾气，直言的性格，才大如海的功底使得他在西方的学术体制里也并不一帆风顺。为重新进入美国，他不得不在英属哥伦比亚大学，即加拿大的一所大学度过了十五年，他在芝加哥大学的黄金时代也很短暂。透过他的回忆，我们可以理解一个学人生存的艰难。西方学术，虽然有着成熟的制度建构，但说到底仍受着党同伐异、私心自用等等的侵蚀，在其中混饭吃的学人们不免如钱锺书《围城》、洛奇《小世界》里的人物那样，经历着彼此的算计和伤害。这种情况在书中比比皆是。如一位女教授给何炳棣写信，开头一句：“Be glad that you are not a woman!”（你幸而不是一个女人！）

歧视是一方面，最让人辛酸的是学人和他们之间的金钱算计。如大名鼎鼎的杨联陞在哈佛未得讲座教授时，致信何炳棣说芝大如真要聘他，那么薪水、休假、住房、医疗、退休、小孩教育等等如何，希望能够“便中亦望一一函示”。杨终于如愿获哈佛讲座头衔，他写信给何说：“朋友之间亦有缘分，谁能帮谁多少忙，可能亦有‘前定’。”至于学人势力范围之间的攻守，自然更是家常便饭，如何炳棣跟张光直教授之间的纠葛。

那么对何这样一个自负的学人而言，他的价值如何表现呢？不断地向“大”处着眼的攀登精神使他抵达一流学人的地位，他感到了价值实现的满足吗？这些问题在书中似乎显得虚浮。他仍是像孩子一样，对别人的称赞牢记于心，对如何具有“安全感”极为留意，对“超特级人物”过于敏感。这种观念市场或学术市场里的功利感跟他儿时的功名感有着内在的联系。他既没有终极的信仰关怀，又没有现实的价值判定，也没有对人心个性丰富的同情。有着家天下传统的孩子流亡海外后，几乎都是一种流失，他们创造不出有着坚实认同和价值审判的流亡文化，他们也不能自立立人，成就一种坚实的人生示范。他们参与不了公共建设，除了道、学问、理论或家人亲友，他们不晓得公共精神，他们只是现实各种王国里的食客，只是各类制度的把玩者和研究者。

何炳棣对中国文化的土生起源的研究是有意义的，他认为，唯有自始即是自我延续的村落定居农业，才能解释何以陕西渭水流域沿诸小河两岸仰韶文化遗址，即具有氏族聚会的中心大房子、居住房屋群、窖穴、陶窑和排列整齐的坟墓群会那么密集，何以只有累世生于兹、死于兹、葬于兹的最肥沃的黄土地带，才可能产生人类史上最高度发展的家族制度和祖先崇拜。他对中国文化中“宗法基因”的注意是值得记取的。他自己的一生也证实了这种家族功能的高度和限制。

何炳棣自称专长为“中国社会、经济、文化、思想及农业史；宏观史论”，他对制度史也做过不少工作，但他内心也有“画龙点睛”的疑问，如果说只有思想史才能画龙点睛，他如何对待他一生画出的“龙身”？他相信，研究历史思想家不可忽略的是，要衡量思想家的哲学观念和理想与当世及后代政治和社会实践方面的差距。他以大儒朱熹举例，朱说：“周公孔子所传之道，未尝一日得行于天地之间也。”他认为这是朱熹对圣贤理论与长期历史实践存在严重差距的锐敏而又深刻的体会。今天的华人学者除了饭碗端得安稳一些，是否还有朱熹这样的体会呢？

# 唐德刚：自立而后立言

每一个时代的人们，在关于他们自己生活世界的总体性看法里，往往受着切近的历史人物和观念的影响。这就是为什么大众对思想的需要可以“渴求”二字来形容的原因。如果囿于条件，历史人物和观念迟迟不能现身，那么，人们就只能自己“在黑暗中摸索”，我曾说，这是一种被闷熟的成长历程。我们中国人在现代转型的历史里，差不多都体验过这种自我教养的过程。

但也有少数的例外。那些虽经离乱，却能跟历史人物生活在一起的人就是这样的例外。他们因此不用“在黑暗中摸索很长的时间”，有条件获得了一个现代人必要的文明理性，从而在研究、理解、交流沟通等等方面少走弯路；一句话，他们获得了较为健全的成人品质，有着前现代民族成员或孤魂飘零的人们难得的文化自觉和公民自觉。在这方面，唐德刚先生就是少数的幸运儿之一。

唐德刚不仅跟中国现代史上的政治、文化、外交巨人们有着家长里短式的交往，他还极为认真刻苦地帮这些历史人物整理出他们的人生行状。这些青壮年时期的奉献性产出，如《李宗仁回忆录》《顾维钧回忆录》《胡适口述自传》等等，今天已经嘉惠数代万千读者，成为我们了解中国近现代史最可征信的史料。这些口述史传文学名著风靡海内外，被各国或各地出版社一再重印，流传不衰。他自己也极为看重，如他说《李宗仁回忆录》“耗时六年，著书五十五万言，钩沉探隐，略叙近百年来，国人自我相斫与联合御寇之实情，合李公‘传记’与‘自传’于一书。”自信此书“为民国信史中不可分割之章，势必永传后世”。

不特此也，唐德刚还从历史巨人的阴影里走出来，为我们贡献了《晚清七十年》《中国之惑》这样的历史名篇。在这些历史著作里，唐德刚自铸伟辞，给我们提供了一种独特的中国史观。他在宏观上提出了中国国体“转型论”之说，这一“转型论”在九十年代差不多成了海内外社会科学领域最流行的一种理论。“转型论”将我国自西周以来的社会历史划分出两个转型期，第一个转型期发生在秦以前的战略阶段，由公元前4世纪中叶“商鞅变法”开始，一直到汉武帝与昭帝之间（公元前86年前后），才大致安定下来。前后“转”了二三百年之久。“转型”的标志可以概括为十二个字：“废封建，立郡县；废井田，开阡陌。”转型之后的中国，照唐德刚的说法，是千年不变。第二个转型期发生在“鸦片战争”时期（1840—1842），秦汉模式在西方文明的挑战下逐渐维持不下去了，我们的传统制度被迫作有史以来“第二次政治社会制度大转型”。在这一转型期，中国历史几乎十年就要变一变。这第二次转型期被唐德刚喻之为“历史三峡”或历史的“瓶颈期”：“中国的近代史就如过三峡，非两百年不为其功，现在已快出峡，再有三四十年，中国的近代化发展就能走出坦途。”



这种关于我们社会的总体性看法需要大书特书。就像存在主义者们说的，对于作家、知识分子，“人们要求的是看法和意见，不允许他们总让世界处于悬而未定之中，人们期待他们确定立场。”唐德刚自然知道这种存在的意义，他在不少文章里阐述、强调三峡论，以此来为历史和现实的中国作注，并进行同情之理解。

这一中国史观，在一百多年的近现代历史里，除了意识形态史观外，大概只有少数人的收获可与之呼应。据说唐德刚的史观确定于九十年代，而九十年代以来的华人史观里，大概也只有吴思的“潜规则”理论、任不寐的灾民理性、笔者自己的类人孩观念等等，差堪比拟。跟那些把中国文化说得漆黑一团的史观不同，唐德刚的转型史观有一种历史的乐观主义，他让我们对民族的伟大前途抱持信心。

对于唐德刚的历史观念，人们见仁见智。笔者本人就多次批评他的史观缺陷，他中了黑格尔、汤因比之流的毒害，陷入历史决定论的框架里，而忽视了人自身的因素。以个人的治学来看，能有这样的史观收获，其形式感当然美妙不可言喻。但从社会层面，其作用就一言难尽了。从积极的角度理解，唐德刚给我们宣示了一种历史的必然性；从消极的角度理解，唐德刚给我们提供了一种懒汉逻辑：既然历史肯定要走出三峡，那么我们个人的努力有什么用呢，我们等着分享历史的果实就可以了，我们等着收获历史的绝对规律或绝对精神就可以了。

如果我们对唐德刚怀抱理解之同情，我们可以说，这是因为他跟历史人物交往太深的缘故，他太了解历史方向之千变万化，太理解历史进步之不容易。或者说，因为中国历史太长的缘故，后人看过去，总会猜度、模拟出一些规律、轮廓来。中国和中国史太大，大得个人无法承受。

但如果我们怀有春秋责备贤者的用心，我们可以说，以唐德刚先生的才学识，只是给我们贡献这样一种史观，未免不够。历史进入21世纪了，华人社会还停留在19世纪的德国哲学思维的框框里，现实的即合理，历史的即合理，非理非礼勿动，未免太无出息。而在这种人生哲学和历史变革哲学的思想提供方面，我们大陆的学人，我们的自由派和新左派学人更是交了不及格的卷子。像伯林称道的19世纪赫尔岑那样的思想：自然并无计划，历史亦无剧本；原则上，并无任何单一锁钥、任何公式能解决个人或社会问题；普遍的解决并非解决，普遍目的亦绝非真实目的，每一时代各自有其质地，各自有其问题；捷径与概括不能代替经验……我们今天仍少有表达。

因此，唐德刚在他的《晚清七十年》一类的历史著作里，虽然表达得极富个性，却从孔子、司马迁那类个人写作的历史传统里退后了半步。那种建基于人心人性之上的历史审判功能，经由孔子、司马迁等人示范的惩恶扬善的意义，就被一种转型的历史目的代替，为这一历史目的服务的各色人物都有了可以理解、同情之处。唐德刚虽然突破了党派的意识形态史学，但他的史观跟意识形态历史没有太大的差别。



这么说，丝毫不低估唐先生的历史研究具有的功德。他的研究，虽然对那些僵化的心智不起作用，对那些成熟健全的心智可能只是有着参考的意义，但对成长中的学子、青年和社会大众，却是一种难得的福音。在观念和实证方面，唐德刚的历史写作，并世无二。跟意识形态历史和其他个人史观相比，唐德刚的历史写作也有着较好的比较优势。或许正是出于这样的理由，一度感叹后生无史可读的李慎之，生前告诉我说，近现代史有一个不坏的本子可读，那就是唐德刚写的书。

是的，在我们成长的岁月里，经常因为环境、条件的限制，会错过一些美好的东西。这些人物道理本来可以帮助我们更好地形成坚实的人生观。可是，由于跟它们失之交臂，我们不得不接受社会给予的那些东西，从中思考、选择，经过苦难的历程，摸索着逐渐形成我们的认识。这个缺乏成长礼的内容和形式的社会环境，使得社会个体经常有着被抛弃的孤独感，使得社会个体在天放和管制里难以长大，一生的努力可能只是成为子民臣民市民模样的“类人孩”，人们的社会参与意识和公共精神因此极度匮乏。这一人生经历，数代大陆中国人有过体验，今天的新人类、新新人类同样在经历。今天呼吁读经的人们，就是多倾向于认为人们所受的教养成问题，才要求从经典那里补课。

在这样的环境里，唐德刚的立言事业参与了大陆中国人的自我完善，这是一个中国读书人梦想不得的境界。对这样的人生际遇，唐德刚当之无愧。

同时，我们应该看到，较之他的立言，在人生功德方面，唐德刚的积累、贡献更大。在我看来，他的人生比他的著述更重要，更能给华人教益。就是说，他的立言是他厚积薄发的结果。在他那些精彩的言论背后，是他更精彩的生活。

流落到海外的华人，经常为认同和归宿问题烦恼。鲁迅所说的“立人”问题，不仅对大陆人是一个考验，对海外华人的考验可能更为强烈。我们见过太多的人，大名鼎鼎的科学家、学者、诗人、才大如海的历史学家，没能通过这个考验。故国母族转型的艰难，一个华人如何立身处世，如何经验表达才能体现现代文明理性，是一个重大的问题。有人因此把安全感看作一个必须解答的问题，要么混迹于华洋江湖，要么匍匐在历史巨人或洋人的脚下。无能自立立人，无能叶落生根、就地参与，成为海外华人的一大问题，有的人年高八十仍在寻找“安全感”。而一句“我们得到了天空，失去了大地”，几乎成为众多海外华人的咏叹。

在这方面，唐德刚是值得称道的。他没有做德高望重状，也没有做怀才不遇状。他没有陷入幽闭中，也没有迷失在花花世界里。甚至在历史巨人身边，他也没有轻易地溺于历史观念而不能自拔。胡适夫人江冬秀说：“唐德刚是胡老师最好的学生。”但唐德刚并非是夫子步亦步夫子趋亦趋的那种弟子，对老师安身立命的那些观念和行为，唐德刚并不全盘接受，甚至天然地有着健康的辨识能力。胡适年少即暴得大名、顾维钧一生顺利、李宗仁武夫而运气照人，他们那种精英意识，唐德刚就没有沾染丝毫。

唐德刚是个在美国“打工”了整半个世纪的安徽“老母滋”，他的立场认知完全是“夭匿”（unit）式的，是平等的。他为中国人的分裂和不能沟通叹息：“最糟的还是我国老辈留学生，他们都是或多或少的特权阶级人物，眼向上看，对贫苦无知、在洋人鞭笞下呻吟的华工苦力，照例是不屑一顾的。以前我就曾问过胡适之先生关于他留学时期的华侨生活。胡先生说：'那时，'我们'与'他们'之间没有往还。'我听了这句'我们'与'他们'的言辞，真发生很大的反感。"

对胡适等人的世界主义思想，唐德刚更是有着清醒的认知。胡适做世界公民不易，唐的名言是："胡适之的确把哥大看成北大，但哥大并没有把胡适看成胡适啊！"

对胡适、鲁迅等人的世界主义思想，唐德刚更是在实践上做得有声有色。他出任纽约市立大学亚洲学系主任后，"第一要务，除整顿传统的亚洲学科目之外，便是开设十多门美国教育制度上史无前例的'亚美学'的课程，诸如'亚裔民族移民美洲史''美国政法制度与亚裔移民适应之研究''美国亚裔少数民族社区发展之变迁''亚美文学选读''亚美文化冲突'等等。"这种"为传统的经院学人所不取"的做法，正是一个绝无自卑的华人学者应有的坦荡胸怀。

对胡适、鲁迅视为流氓、鹰犬的民族主义思想，唐德刚却并不全盘否定，他的爱国出于天性自然，他的民族主义出于个人自觉。他的认同感绝不是出于攀附，"合群的自大"。他有人的正常情感，他不惮于流露正常的情感。如他的堂兄弟德谌之死，他写道："我在1972年底取得签证返芜湖探母，曾询及德谌。家人从老母以下都支吾其词，不敢实告。八年之后我再次以交换教授身份返国授课，此时已是改革开放时期，言禁大开，乡亲乃告我德谌饿死实情。一时情难自持，竟伏案大哭。

读史数十年，初不知‘大饥，人相食’的故事，竟亦发生在自己家庭中也？”

对人世的真伪善恶之宣白，唐德刚绝不缺乏勇气，这是他到老弥坚的浩然之气。“1981年夏季，我返乡葬母，顺便应约在芜湖的安徽师范大学讲演，那时赤日炎炎，校方用四架大电扇向我直吹，仍是汗下如雨，当时大礼堂讲台之下则挤得水泄不通，炽热之情，更难忍受。看到当时听众的热情，又想到‘大跃进’时，我们安徽的‘贫下中农’饿死，儿时农村伙伴几乎死亡殆尽，一时悲从心中起，乃提出大胆的批评，说得我自己也声泪俱下。”



这样的唐德刚令人敬佩，从他青壮年时期访谈侍侧于胡适等人身边，他就有着一本正经的精英们难得的幽默作风和闯祸激情。这是一百多年来受尽苦难的无数中国人身上难得一见的人生灿烂和自由抒怀。

唐德刚的中国情怀有目共睹。甚至说，由于他的爱国出于至诚，他的民族主义从个人出发，所以他的言行比之德高望重的海外科学家、历史学家的客卿言论更让人信服、感动。在这方面，他比那些脱口秀者们更近于传统中国人的知行合一，他示范了一种现代公民做人的道理。

作为一介书生，唐德刚并不迂阔，他并不赞同胡适老师“全盘西化”的主张。他认为近百年的美国史上，华侨所受的苦难远在美国内战后的黑人和印第安人之上。在美国的发展进程中，有着华人的巨大贡献。除了给华人社区服务，在学校开设“亚美学”课程，他还梦想着设法把百余年来，美国各级法院所保存下来的有关华人诉讼的案情和判例中，华人遭到不公正待遇的实例，做个通盘的整理和研究。

他不像一个传统的书生。他不惮于行动。他参与发起过全球性的征集一亿人签名的坚决要求日本付清战争赔款的运动。他在1994年7月台北师范大学召开的“日本侵华百年——华人对日索赔国际研讨会”上，作《纪念抗日，对日索赔》的长篇演讲，着重指出，关于战争赔款问题，按国际公法历来就有对国家赔款和对民间赔款这两个部分，过去的中国政府仅仅是在对国家赔款的这一部分上，作出了姿态，但是民间要求的战争赔款问题，历来没有个说法，我们必须对日本清算这笔民间的旧账。他还提议每年在南京大屠杀的现场举行纪念受难同胞追悼会。当台独分子问他同意不同意台湾独立的主张，他激动地说：“台湾独立的问题不是我同意不同意的问题，而是能不能实现的问题……”话没说完，“咚”的一拳，鲜血就顺着嘴角流了下来。

这样的例子太多。这种现代社会的公民参与，缘于唐德刚健全的现代人格，他不自卑也不自傲，不像传统中国学者那样要么做圣贤君子固穷，要么做小人“穷斯滥也”。现代社会最重要的交流沟通能力，是传统中国学人所欠缺的，也是“传统的经院学人”所欠缺的，他们要么只有笔才、口才，进行所谓“书斋里的革命”，要么“不学有术”，热衷于“校园政治”。如我见过林毓生先生，林先生木讷若不能言，自称讲课效果不好。

但唐德刚何等样人，年轻时看尽世界，青壮年一度与历史做伴，十多年埋头于中国近现代史，厚积薄发，一旦出手，自然不同凡响。他开设的课自然成功。其中最得意之事莫过于七十年代初他出任纽约市立大学亚洲学系系主任一事。

当是时，他在哥伦比亚大学任教，同时在纽约市立大学等多所院校兼课。在纽约市立大学他只上中国现代史，只教一个班，每周不过一次课，而且时间排在学生不怎么欢迎的周末三点到六点。但唐德刚一出手就弄了个大班，令人难以置信地堂堂爆满，每次都有不少学生挤在门口和窗外听课。“校园政治”开始了，洋人教师反感了。第二学期，他的这门课派给了洋人教师上，叫他上美国史，他照样弄了个大班，把学生吸引过来。校方决定成立亚洲学系，要从全美亚裔学者中选聘一位系主任，还设立了“选聘委员会”。由委员会拟定的十余名候选人名单中，唐德刚排在末尾，委员会秘密投票时，唐德刚竟“十发九中”成了“黑马”。学校当局反悔，把投票结果秘而不宣，一拖数月，到新学期开学宣布时，系主任竟被调了包！受骗的学生直冲校长室质问，校长理屈词穷，只好向唐德刚求救。那天他正在二百里地之外上课，校长急电请他速回，当他乘坐校长安排的飞机回到学校时，校方和学生双方都派了代表欢迎他，纽约市三家电视台纷纷出动，唐德刚风光至极。

他确实是风光的。到他终于从教室里走出，又一次出手，“唐派散文”一说出现了。由《胡适口述自传》为发端，唐德刚为此书所作的详尽注释，标志着“唐派散文”风格的形成。文史掌故，文坛佳话，社会要闻，名人轶事，风俗民情，异域见闻，他信手拈来都能顺理成章，以致赢得海内外学术界“先看德刚，再看胡适”的赞誉。在《胡适杂忆》一书中，唐德刚挖掘心头旧事，将胡适的行迹、人品、学识、交往放在政治史、社会史、文化史的大背景中加以忆述。此书纵谈史实，畅抒情怀，发议论，明事理，传记与文学交相契合。周策纵教授认为，“其行文如行云流水，明珠走盘，却又有极大的真实度，简直把胡适写活了。”唐德刚把司马迁等人的“太史公曰”放到行文之中，使得历史写作更为活泼。其中功过如何，仍待读者们评判。

我说过，唐德刚的人生成就高于他给我们说过什么。他一生的写作收获虽让人羡慕，但我们更应该看重他给我们示范的东西。除了做人的道理，即使治学方面，他也给我们提供了难得的榜样。

唐德刚是个才子，但在他的写作里，我们明显感到他有着厚重的支撑，因为他对材料的占有、熟悉和同情是一般才子雅不愿为的。哥大享誉世界的口述历史研究之所以为人推重，因为这种研究确实在挑战研究者们的心智。它需要奉献、牺牲，需要不计回报地投入。

比如，他跟胡适在一起，他要帮胡适借书、查书、录音、整理回忆录，也开车载他外出购物，处理杂事，还要时不时地叫上一帮小兄弟陪师母打麻将，还要在十几年中听胡适的“老生常谈”。《胡适口述自传》先是以英语录音整理而成的，为使英译准确，师生俩常“吟安一个字，捻断数茎须”。

今天大陆学界正流行口述自传，但能传世者几希？个中原因，大概可以从唐德刚的工作状态里找到一二。比如跟顾维钧做口述研究时，每次访谈前，唐德刚都要检索有关文献档案，包括顾维钧分储于三十七个大木箱之内的各种文件。顾维钧亦如此，每次口述之前，他先查阅有关部分的文件资料，思考再三形成腹稿后才开始口述。一次，顾维钧口述时把“金佛郎案”当中的一段故事张冠李戴了，唐德刚更正了他的错误，顾维钧不服，表示“事如昨日”，不会有误。而唐德刚则拿出顾维钧当年自己签署的有关文件，再次反证，顾维钧才服输：“唐博士，这一章是错了。下礼拜，我俩重行写过。”

这种严谨，难怪最先指派跟顾维钧做访谈的夏连荫女士做了一段后，嫌太忙太累，辍工不干。

唐德刚的口述历史研究，自称“沧桑”。比如他详说撰写《李宗仁回忆录》的沧桑：“最初我把他老人家十余小时的聊天记录，沙里淘金地滤成几页有条理的笔记。然后再用可靠的史籍、档案和当时的报章杂志的记载考据出确信不疑的历史背景；再用烘云托月的办法，把他口述的精彩而无误的部分烘托出来，写成一段信史。”而“要帮助一位老将军写历史，实在也煞费苦心。”他得让李宗仁分清“信史”和“野史”，要劝李长官多谈个人小事细节，少谈国家大事或政治哲学，等等。等李宗仁能够配合了，他的访谈就变成两三个小时的正式访问加上聊到深夜的天南地北的“无记录谈话”。然后，在谈话之后的三两天内，他独坐研究室，广集史料、参照笔记、搜索枯肠，一气写成两三万言的长篇故事来，送交李氏认可。李改动后，唐再据之增删，并稍事润色。完成两三章之后，他便停止访问若干时日，一人独坐，把两三章中文清稿，用心以英文缩译，甚或改组重写，打出英文稿后，再交李宗仁转请甘介侯先生以中英两稿互校，由甘说明或修正，再经李氏认可。唐取回稿子后，再作校订……

其中甘苦，可为外人道，难为外人领会。

唯有如此，我们才能在如山积的历史叙述或口述历史文献里，更能从唐德刚那里受益。

严复曾说，“托都”（total）不行，“夭匿”又有什么办法呢？唐德刚以自己海外飘零的一生回答了这个问题，他有办法，他成就自己这个“夭匿”，自度度人。

我自己也曾为跟唐德刚失之交臂而遗憾过，我想过，要是早几年读到唐德刚的文字，我就会少浪费几年的光阴。我愿意引用一种说法来推荐他的历史写作："那些连他的史书都没有读过的人真的是错过了，你们有没有被告知过：生活中有某些更重要的东西值得脱颖而出，被我们体验？"

铁葫芦

铁肩担道义　葫芦藏好书